कविता और शायरी VOL - 6

श्रीराज मेनन

क्रम-सूची

क्रम-सूची

क्रम-सूची

क्रम-सूची

क्रम-सूची

भूमिका

पुस्तक में लेखक द्वारा लिखित हिंदी कविताएँ और शायरी शामिल हैं। इसमें कविताएं, शायरी और प्रेरणादायक उद्धरण शामिल हैं।

इस पुस्तक में लेखक द्वारा लिखी गई कुछ कविताएं और शायरियाँ हैं जो प्रेम, प्रकृति और जीवन के सामान्य दैनिक पहलुओं पर आधारित हैं। कुछ प्रेरक प्रसंग भी हैं। प्यार में पाया गया प्यार, खोया हुआ प्यार और फिर से जगा हुआ प्यार शामिल है। इसी तरह, प्रकृति में प्रकृति का महत्व है और लोग बिना किसी दुष्प्रभाव के प्रकृति का अपने फायदे के लिए दुरुपयोग करते हैं। सामान्य में जीवन के सामान्य पहलू होते हैं जो लोगों और परिवेश के साथ चलते हैं।

पावती (स्वीकृति)

मैं अपने उन दोस्तों को धन्यवाद देना चाहता हूं जिन्होंने मुझे कविताएं और शायरी लिखने के लिए प्रेरित किया, जिसे मैं कहता था और भूल जाता था। मैं Your Quote प्लेटफॉर्म और उसके सभी सदस्यों और समूहों को भी धन्यवाद देना चाहता हूं जिन्होंने मुझे अनुमति दी और मुझे इसके मंच पर अपनी सामग्री लिखने के लिए प्रेरित किया। मैं नोशन प्रेस और उसके सभी सदस्यों को भी धन्यवाद देना चाहता हूं जिन्होंने मुझे अपनी सामग्री को अपने मंच और समय-समय पर मार्गदर्शन के माध्यम से प्रकाशित करने की अनुमति दी, जो उन्होंने मुझे मेरी त्रुटियों को ठीक करने के लिए दिया।

1. आँसू की तरह

आँसू की तरह

आँसू की तरह बह जाते हैं
रह जाते हैं सारे गीले शिकवे
बस दर्द ही दर्द रह जाता है
सारा एहसास मर जाते हैं

कोई उम्मीद ही नहीं रहता
दिल का कहीं सम्भलने का
एक गुमसुम सा धुआँ यहाँ
सारा माहौल है बना रहता

— Raj

2. प्रेम

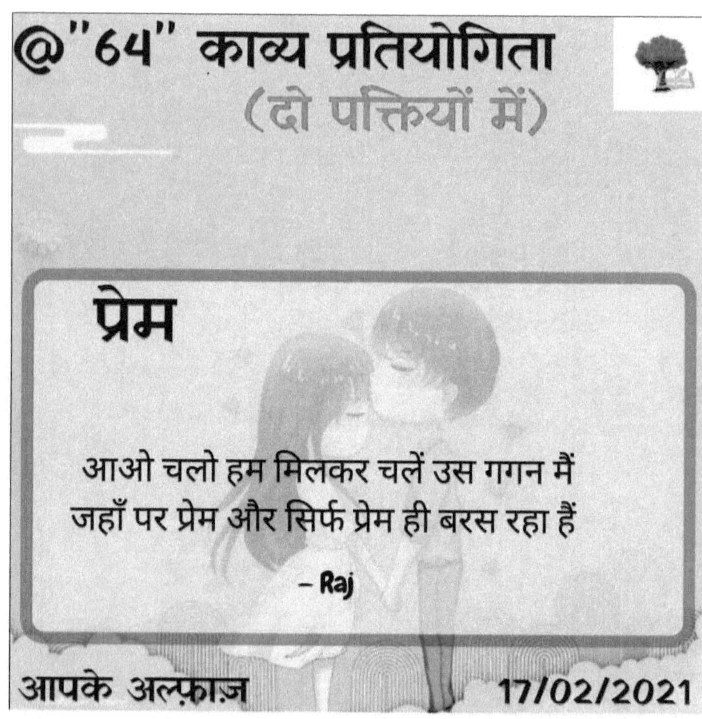

@"64" काव्य प्रतियोगिता
(दो पक्तियों में)
प्रेम
आओ चलो हम मिलकर चलें उस गगन मैं
जहाँ पर प्रेम और सिर्फ प्रेम ही बरस रहा हैं
- Raj
आपके अल्फ़ाज़
17/02/2021

3. मोक्ष क्या है?

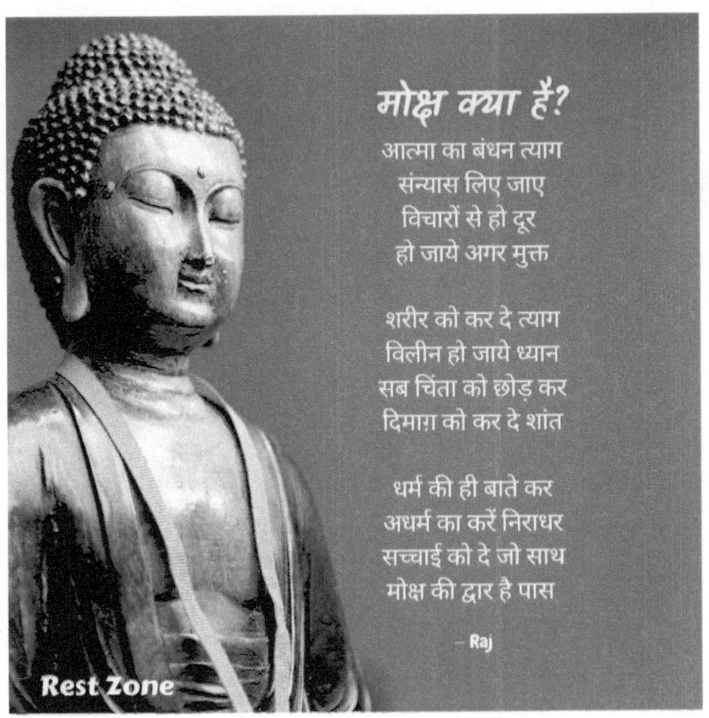
मोक्ष क्या है?
आत्मा का बंधन त्याग
संन्यास लिए जाए
विचारों से हो दूर
हो जाये अगर मुक्त

शरीर को कर दे त्याग
विलीन हो जाये ध्यान
सब चिंता को छोड़ कर
दिमाग़ को कर दे शांत

धर्म की ही बाते कर
अधर्म का करें निराधर
सच्चाई को दे जो साथ
मोक्ष की द्वार है पास

- Raj
Rest Zone

4. तेरी याद सताती है

तेरी याद सताती है

अक्सर तेरी याद सताती है हमें
हर पल दिल को तड़पाती है मेरे।

राह ताकता रहता हूँ मैं तुम्हारी
इंतजार रहता है आने की तुम्हारी।

— Raj

5. आजा बाहों में

@ "69" काव्य प्रतियोगिता
(दो पंक्तियों में)
आजा बाहों में
बड़ी मुद्दत के बाद मिला हैं तुम से सनम
आजा बाहों में तोड़ा सा प्यार कर लें हम
– Raj
आपके अल्फाज़
22/02/2021

6. थोड़ा एडजस्ट कर लीजिए

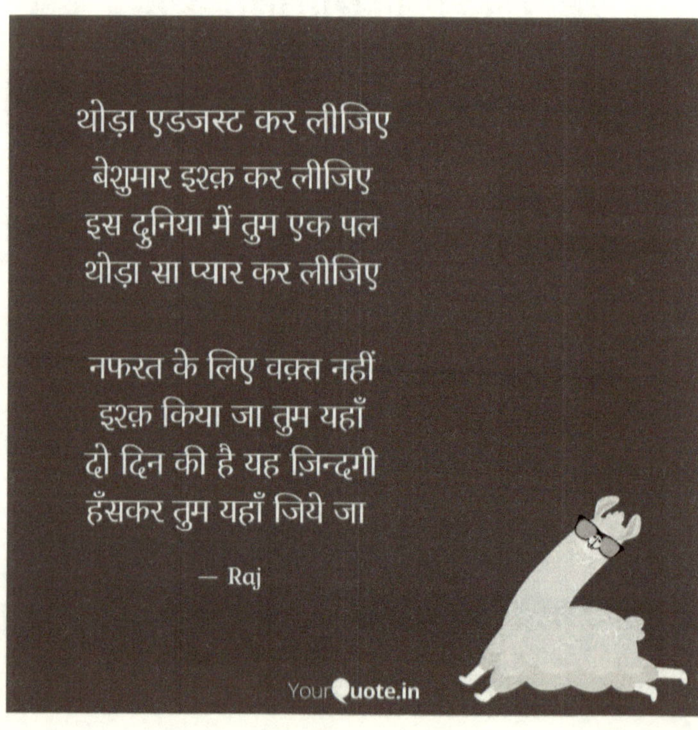

7. भरोसा...

भरोसा.....
भरोसा किया मैंने तुम पर
तुमने यह क्या सिला दिया

तोड़ दिया मेरे दिल को तुम
समझ कर कोई खिलौना

दिल-ओ-जान से प्यार किया
दर्द-ए-दिल देकर चली गयी

ख़यालो में डूबा रहता हूँ अब
मुझको और कोई काम नहीं

— Raj

8. भयानक रस

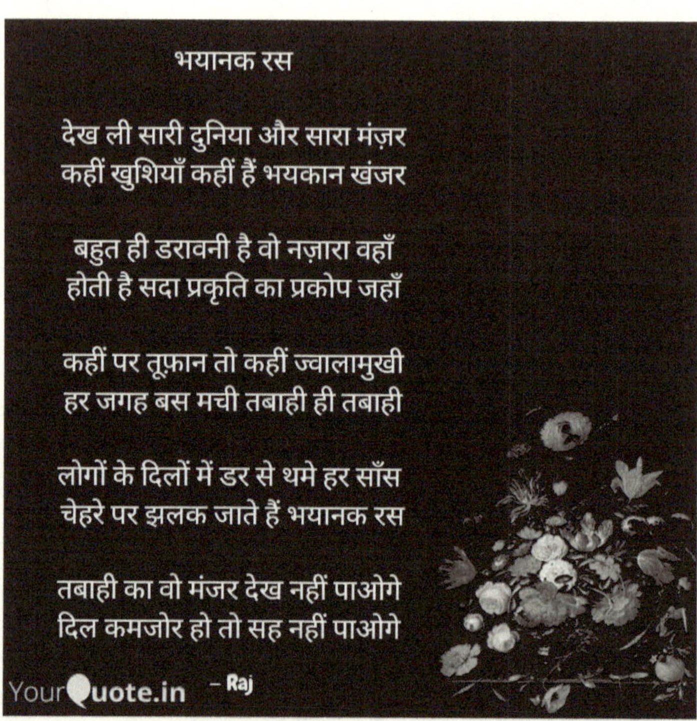

भयानक रस

देख ली सारी दुनिया और सारा मंज़र
कहीं खुशियाँ कहीं हैं भयकान खंजर

बहुत ही डरावनी है वो नज़ारा वहाँ
होती है सदा प्रकृति का प्रकोप जहाँ

कहीं पर तूफ़ान तो कहीं ज्वालामुखी
हर जगह बस मची तबाही ही तबाही

लोगों के दिलों में डर से थमे हर साँस
चेहरे पर झलक जाते हैं भयानक रस

तबाही का वो मंजर देख नहीं पाओगे
दिल कमजोर हो तो सह नहीं पाओगे

YourQuote.in   – Raj

9. मुस्कान

मुस्कान

चेहरे की यह मुस्कान तुम्हारे जीवन में सदा बना रहे
खुदा करें की तेरी झोली में कभी दुःख की साया न पड़े

— Raj

10. यही रास्ता

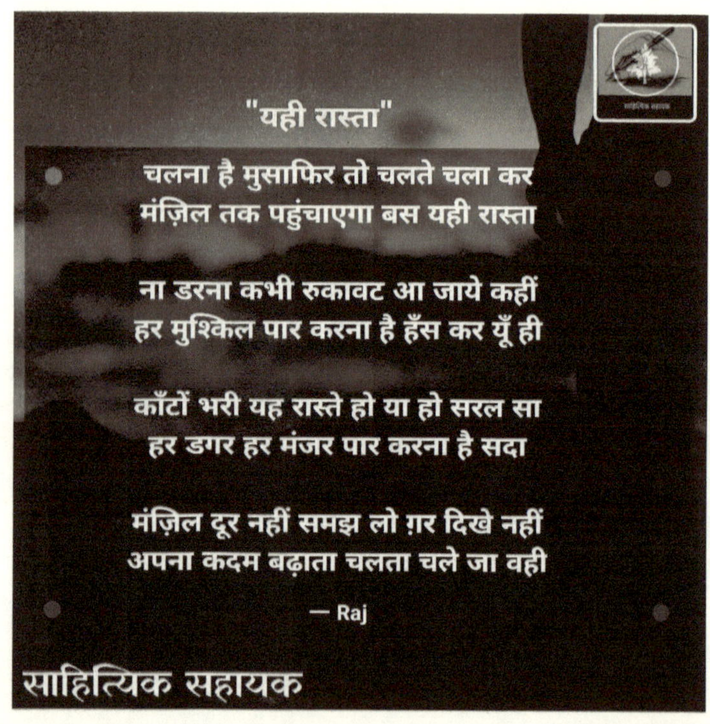

"यही रास्ता"

चलना है मुसाफिर तो चलते चला कर
मंज़िल तक पहुंचाएगा बस यही रास्ता

ना डरना कभी रुकावट आ जाये कहीं
हर मुश्किल पार करना है हँस कर यूँ ही

काँटों भरी यह रास्ते हो या हो सरल सा
हर डगर हर मंजर पार करना है सदा

मंज़िल दूर नहीं समझ लो ग़र दिखे नहीं
अपना कदम बढ़ाता चलता चले जा वही

— Raj

साहित्यिक सहायक

11. देखा है हमने

देखा है हमने

देखा है हमने यह दुनिया का प्यार
कितना मतलबी बन गया है इंसान
इससे तो बेहतर है जानवरों से प्यार
इंसानों ने ले लिया जानवरों का स्थान

– Raj

#6   22.02.2021
काव्य-अंजुरी
YourQuote.in

12. आँखें

13. तुझे ढूँढ़ते हैं

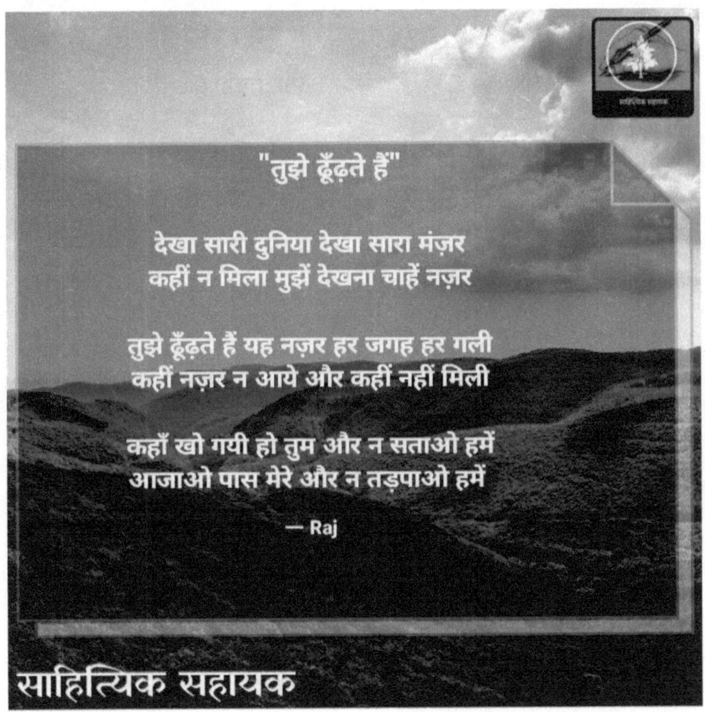

"तुझे ढूँढ़ते हैं"

देखा सारी दुनिया देखा सारा मंज़र
कहीं न मिला मुझें देखना चाहें नज़र

तुझे ढूँढ़ते हैं यह नज़र हर जगह हर गली
कहीं नज़र न आये और कहीं नहीं मिली

कहाँ खो गयी हो तुम और न सताओ हमें
आजाओ पास मेरे और न तड़पाओ हमें

— Raj

साहित्यिक सहायक

14. सैनिक सरहद पर

15. खड़ी राहें

खड़ी राहें

दिल बेताब है कुछ कर गुजरने को हमारा
मंज़िल को पाना है अब दूर है निघाएँ हमारा

यह खड़ी राहें पुकार रहा है हमें साथ चलने को
साथ चलना है बहुत दूर राहों पर मंज़िल पाने को

– Raj

16. घर लौट आओ

घर लौट आओ (कविता)

दिल का हाल कैसे सुनाऊँ
तुम जो चली गयी हो दूर
राह देख रहा हूँ मैं तुम्हारा
अब न करो तुम मजबूर

आ घर लौट आओ सनम
सारे गीले शिकवे भूलकर
और न तड़पाओ मुझको
मुझसे हमेशा दूर रहकर

अब सह न सकूंगा ये दुरी
हैं दर्द-ए-दिल की मज़बूरी
तुम न हो मेरे इस जीवन में
लगता है सब कुछ अधूरी

— Raj

YourQuote.in

17. मुलाक़ात मुमकिन हुई

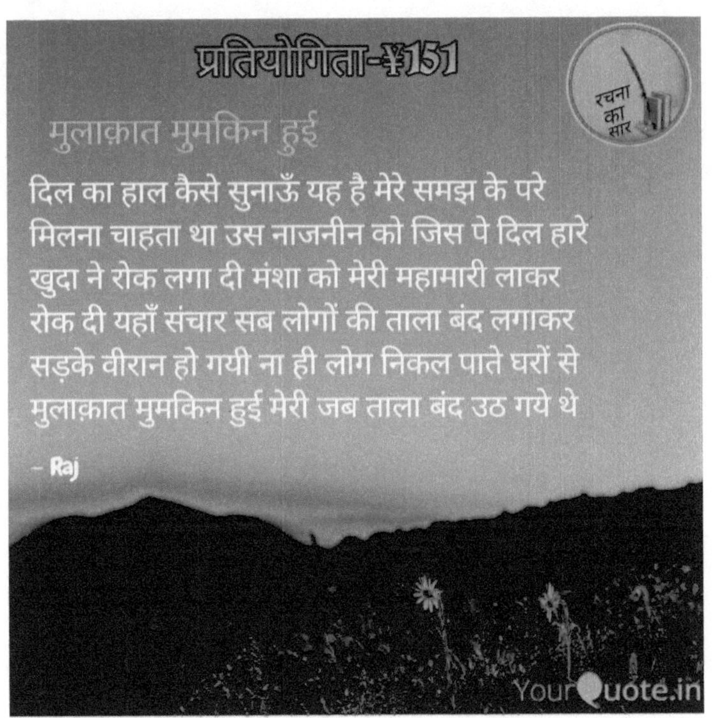

18. मन के उपवन में

Hindi Kavy Kosh
हिन्दी काव्य कोश
एक कदम साहित्य की ओर
आज की हिन्दी काव्य कोश
दो पंक्ति दिल की
मन के उपवन में खिलते हैं,
जब-जब रंग-बिरंगे फूल
दिल के मकान में फैलाता हैं,
महक बिखर के ख़ुशबू
— Raj
कॉमेंट में द्वितीय पंक्ति लिखें
© आज की 'दो पंक्ति दिल की' कार्यक्रम के अंतर्गत हिन्दी काव्य कोश द्वारा दी गई एक पंक्ति पर उन रचनाकारों का अधिकार होगा जो इसकी दूसरी पंक्ति लिखते हैं।
कोई भी रचनाकार इन पंक्तियों के प्रयोग कर अपनी रचना लिख सकता है अथवा अपनी रचना में सम्मिलित कर सकता है।

19. कोई कल कहीं

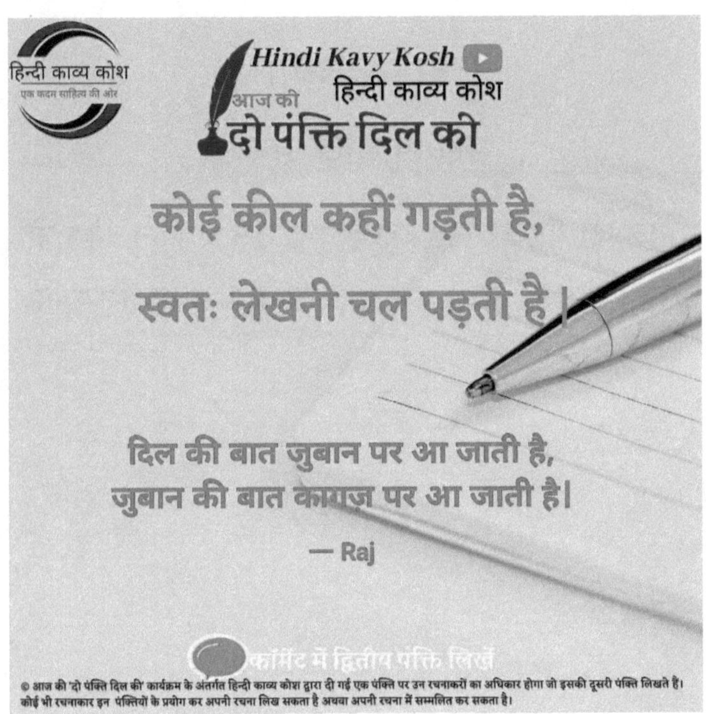

हिन्दी काव्य कोश
एक कदम साहित्य की ओर
Hindi Kavy Kosh
हिन्दी काव्य कोश
आज की
दो पंक्ति दिल की
कोई कील कहीं गड़ती है,
स्वतः लेखनी चल पड़ती है।
दिल की बात जुबान पर आ जाती है,
जुबान की बात कागज पर आ जाती है।
— Raj
कॉमेंट में द्वितीय पंक्ति लिखें
© आज की 'दो पंक्ति दिल की' कार्यक्रम के अंतर्गत हिन्दी काव्य कोश द्वारा दी गई एक पंक्ति पर उन रचनाकरों का अधिकार होगा जो इसकी दूसरी पंक्ति लिखते हैं। कोई भी रचनाकार इन पंक्तियों के प्रयोग कर अपनी रचना लिख सकता है अथवा अपनी रचना में सम्मलित कर सकता है।

20. मेरी आवाज़ सुनो

(दो पंक्तियां)

मेरी आवाज़ सुनो

दिल की धड़कन कह रहा है कुछ उस धड़कन को सुनो

बिन बोले ही लब्स कुछ कह रहा है मेरी आवाज़ सुनो

— Raj

21. तेरा दीदार

"तेरा दीदार"

दिल मेरा तरसे हैं हमेशा तेरा दीदार को
मन मेरा तरसे है हमेशा तेरा साथ को
यूँ न रहो तुम दूर मुझसे आँखें तरस गयी
मिलन का ख्वाब देककर दिल पिगल गयी
कब आओगे कहीं यह वक़्त न गुजर जाए
कहीं मेरे दिल का सावन यूँ न बरस जाए

— Raj

साहित्यिक सहायक

22. तुम्हारी कमी

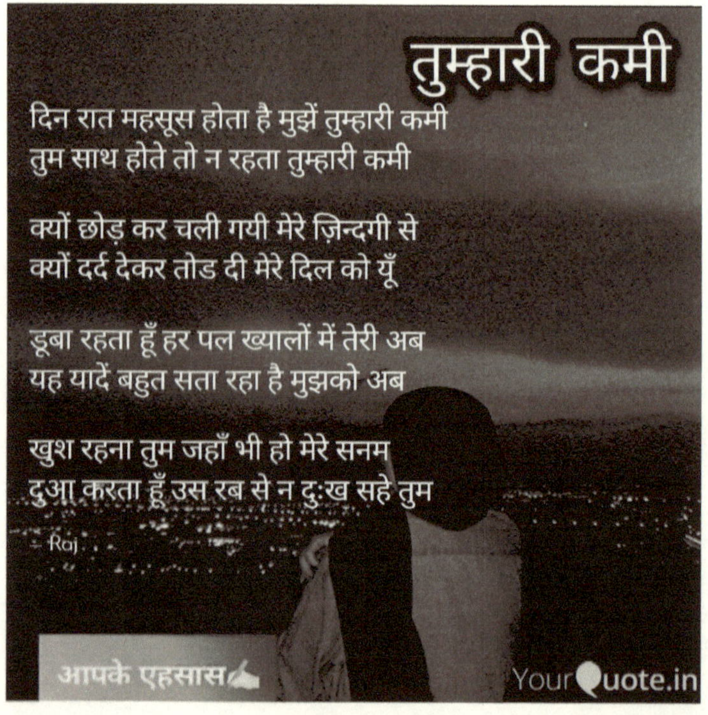

तुम्हारी कमी
दिन रात महसूस होता है मुझें तुम्हारी कमी
तुम साथ होते तो न रहता तुम्हारी कमी

क्यों छोड़ कर चली गयी मेरे ज़िन्दगी से
क्यों दर्द देकर तोड दी मेरे दिल को यूँ

डूबा रहता हूँ हर पल ख्यालों में तेरी अब
यह यादें बहुत सता रहा है मुझको अब

खुश रहना तुम जहाँ भी हो मेरे सनम
दुआ करता हूँ उस रब से न दुःख सहे तुम
- Raj
आपके एहसास
YourQuote.in

23. बदलाव

बदलाव

दुनिया को यह क्या हुआ, सब कुछ बदल गया यहाँ
पहले सा कुछ भी नहीं है, सब नया नया लग रहा

धरती बदला मौसम बदला, बदला ये सारा इंसान यहाँ
प्रकृति का नियम ऐसा है, जब देखु तब बदलाव यहाँ

ये बदलाव ना होता यहाँ, क्या होता इस दुनिया में
दुनिया का आगे बढ़ने में,   ये काल चक्र का विधान है

— Raj

24. तेरा प्यार

काव्य प्रतियोगिता
दो पक्तियों में
"तेरा प्यार"
इस दुनिया में अगर मैं कुछ चाहूँ तो बस तेरा प्यार
और कुछ ना चाहूँ मैं रब से बस एक तेरा इज़हार
— Raj
साहित्यिक सहायक
2 march 2021

25. मोहब्बत की राहों में

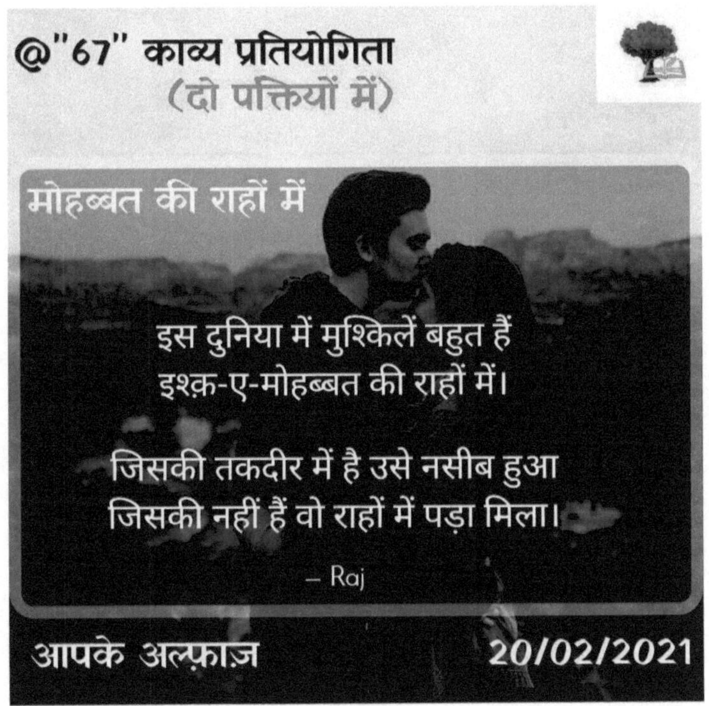

26. निशदिन ध्यान धरे

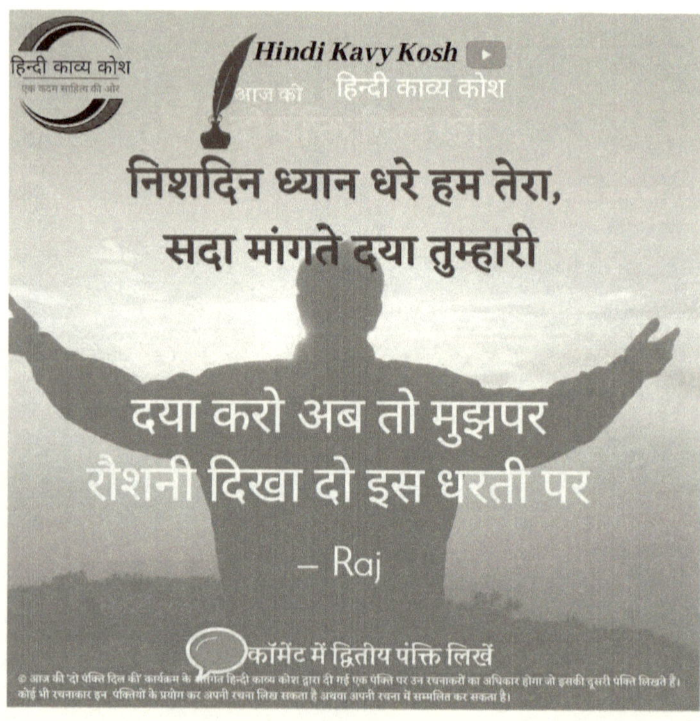

27. अकेलापन ही पहचानता है

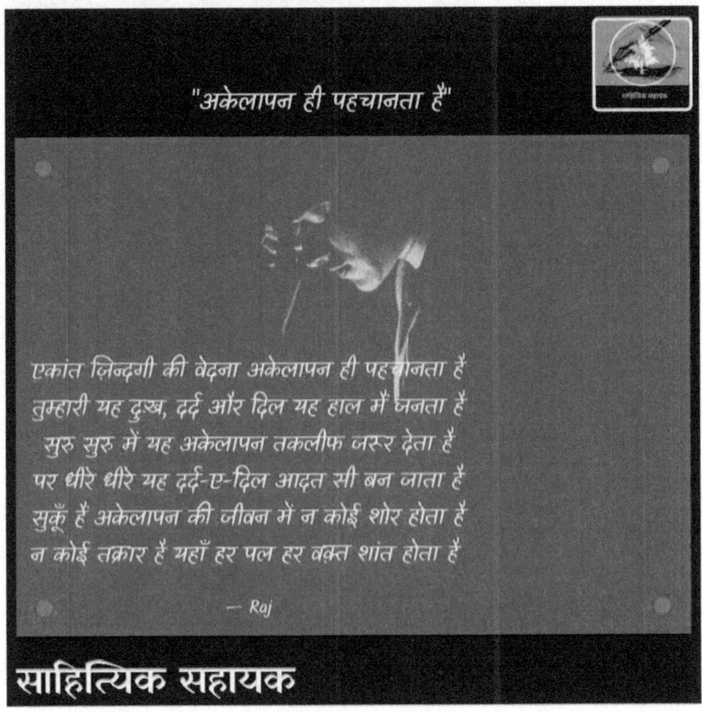

28. एक कप चाय

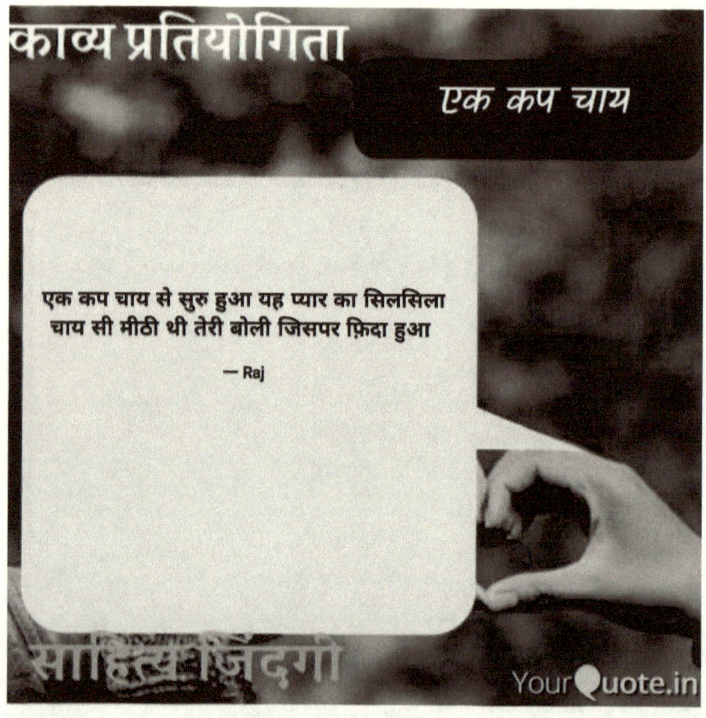
काव्य प्रतियोगिता
एक कप चाय
एक कप चाय से सुरु हुआ यह प्यार का सिलसिला
चाय सी मीठी थी तेरी बोली जिसपर फ़िदा हुआ
— Raj
साहित्य ज़िंदगी
YourQuote.in

29. परोपकार और परहित

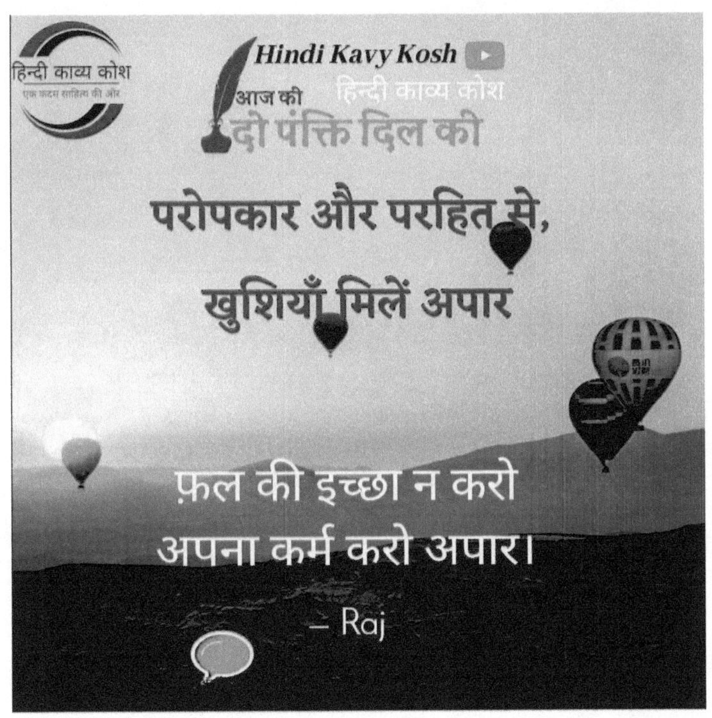

30. अपने

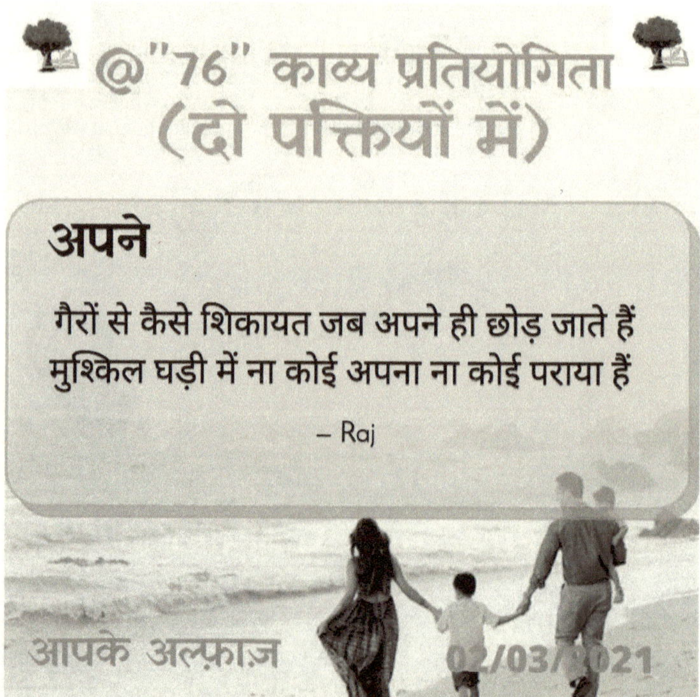
@ "76" काव्य प्रतियोगिता
(दो पंक्तियों में)
अपने
गैरों से कैसे शिकायत जब अपने ही छोड़ जाते हैं
मुश्किल घड़ी में ना कोई अपना ना कोई पराया हैं
– Raj
आपके अल्फ़ाज़
02/03/2021

31. नैनन कारे

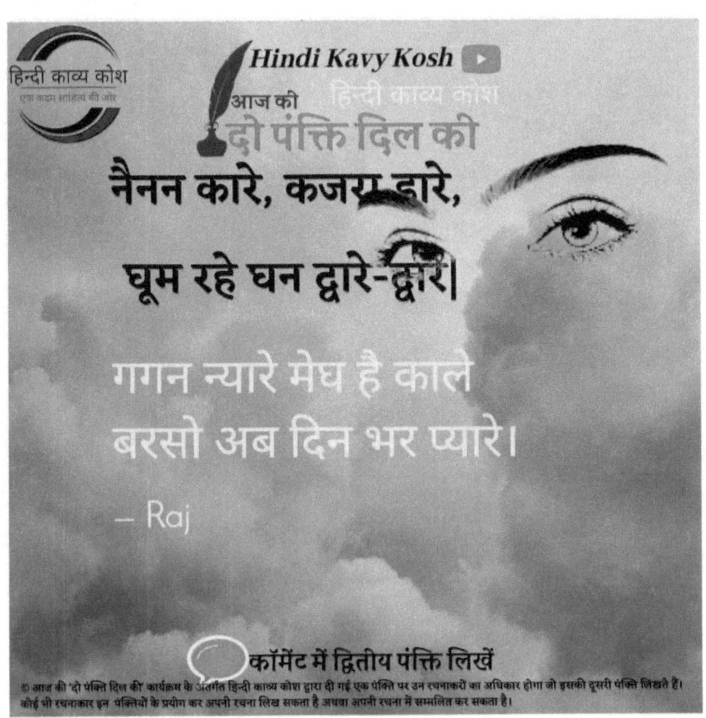

Hindi Kavy Kosh
हिन्दी काव्य कोश
एक कदम साहित्य की ओर
आज की
दो पंक्ति दिल की
नैनन कारे, कजरा द्वारे,
घूम रहे घन द्वारे-द्वारे।
गगन न्यारे मेघ है काले
बरसो अब दिन भर प्यारे।
– Raj
कॉमेंट में द्वितीय पंक्ति लिखें
© आज की 'दो पंक्ति दिल की' कार्यक्रम के अंतर्गत हिन्दी काव्य कोश द्वारा दी गई एक पंक्ति पर उन रचनाकारों का अधिकार होगा जो इसकी दूसरी पंक्ति लिखते हैं।
कोई भी रचनाकार इन पंक्तियों के प्रयोग कर अपनी रचना लिख सकता है अथवा अपनी रचना में सम्मिलित कर सकता है।

32. नन्ही सी प्यारी सी

नन्ही सी प्यारी सी परी हो तुम ,
हमारे दिल की रानी हो तुम
नन्ही सी प्यारी सी परी हो तुम
एक ख़ूबसूरत एहसास हो तुम
हमारे ख़ुशियों का सौगात हो तुम
— Raj
YourQuote.in

33. वक़्त वक़्त की बात

34. बलात्कार

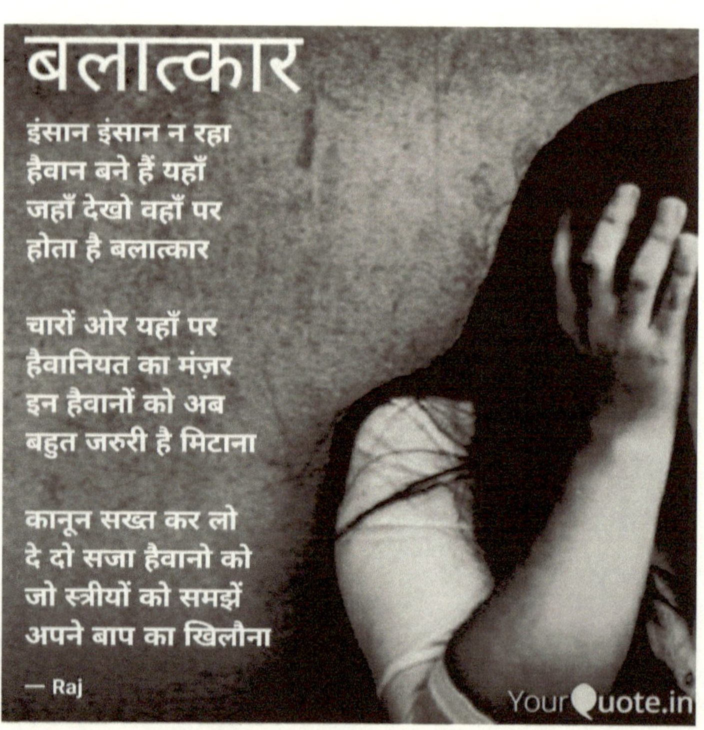

बलात्कार
इंसान इंसान न रहा
हैवान बने हैं यहाँ
जहाँ देखो वहाँ पर
होता है बलात्कार

चारों ओर यहाँ पर
हैवानियत का मंज़र
इन हैवानों को अब
बहुत जरुरी है मिटाना

कानून सख्त कर लो
दे दो सजा हैवानो को
जो स्त्रीयों को समझें
अपने बाप का खिलौना

— Raj
YourQuote.in

35. शादी

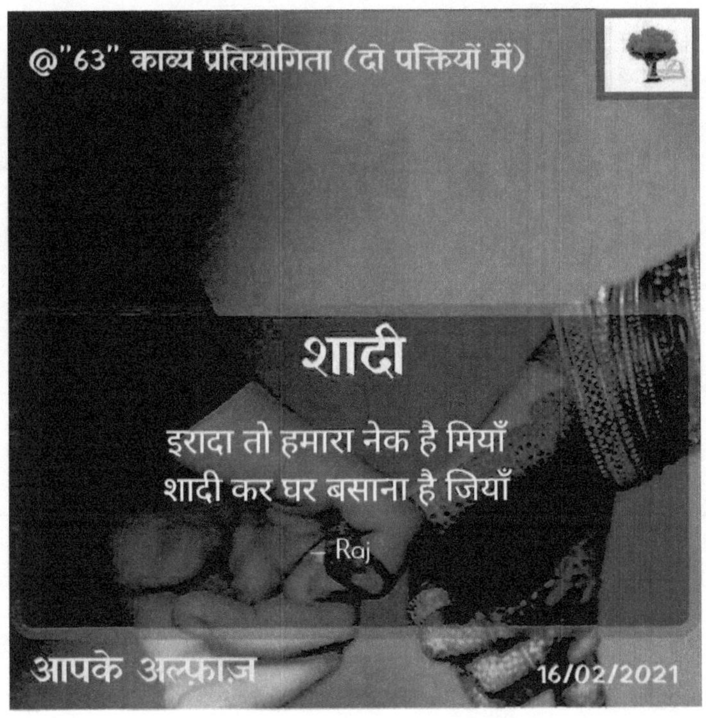

@"63" काव्य प्रतियोगिता (दो पंक्तियों में)
शादी
इरादा तो हमारा नेक है मियाँ
शादी कर घर बसाना है जियाँ
– Raj
आपके अल्फ़ाज़
16/02/2021

36. तेरी आदत

तेरी आदत

इश्क़ में तक्रार ना करने की यह तेरी आदत
दिल को बहुत बा गया हैं तेरी यह इबादत

— Raj

37. इज़हार

@ "68" काव्य प्रतियोगिता
(दो पंक्तियों में)
इ.ज़हार
इज़हार-ए-मोहब्बत की है मैंने तुमसे
कबूल-ए-इश्क़ चाहता हूँ मैं तुमसे
– Raj
आपके अल्फ़ाज़
21/02/2021

38. वो दिन

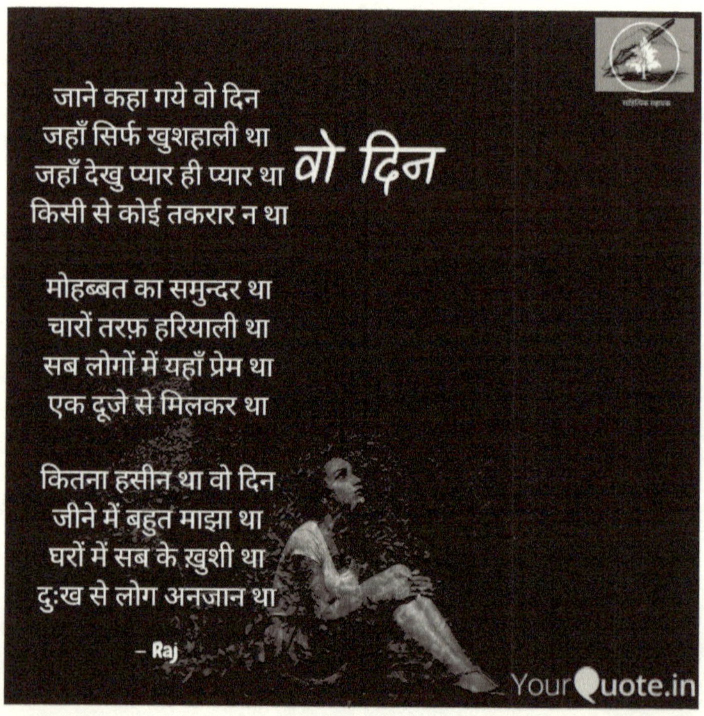

जाने कहा गये वो दिन
जहाँ सिर्फ खुशहाली था
जहाँ देखु प्यार ही प्यार था
किसी से कोई तकरार न था

मोहब्बत का समुन्दर था
चारों तरफ़ हरियाली था
सब लोगों में यहाँ प्रेम था
एक दूजे से मिलकर था

कितना हसीन था वो दिन
जीने में बहुत माझा था
घरों में सब के ख़ुशी था
दुःख से लोग अनजान था

वो दिन

- Raj

YourQuote.in

39. जब बरसती है मोहब्बत

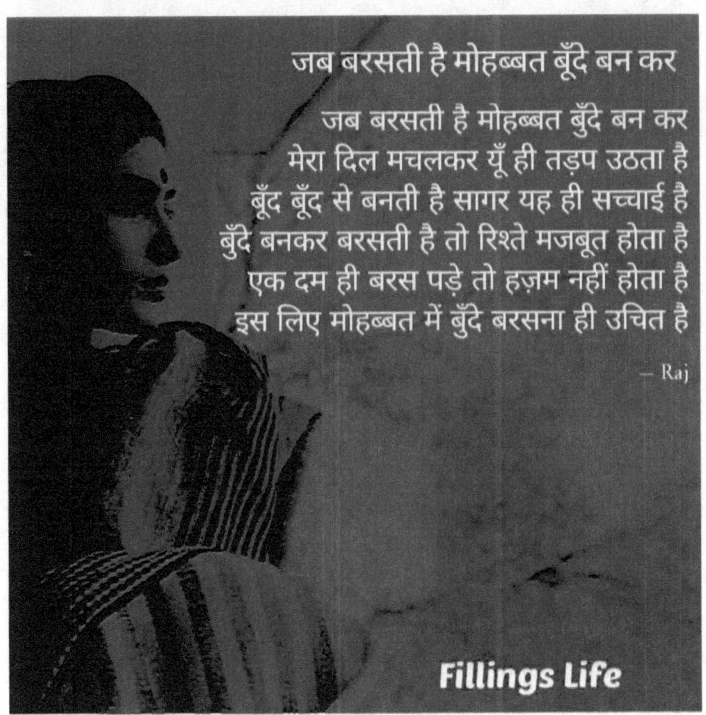

40. मिलने आना

@
"71"
काव्य प्रतियोगिता
(दो पंक्तियों में)
मिलने आना
जब सूरज ढले और चाँद दिखें आना
रेशमी ज़ुल्फ़े सजाए तुम मिलने आना
– Raj
24/02/2021

41. कुछ पल

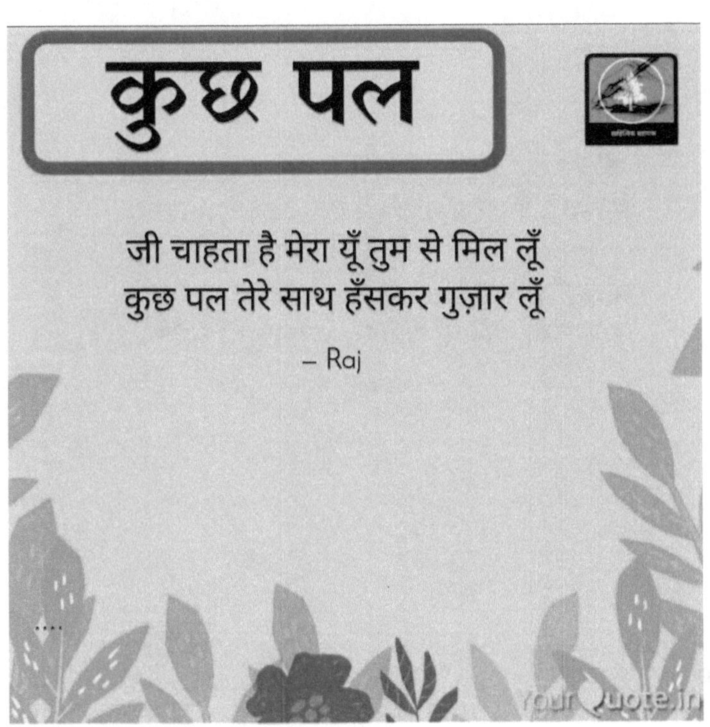

42. ठहराव

ठहराव

जीवन पथ पर चलते चलते एक मोड़ आएगा
ज़िन्दगी की उस मोड़ पर एक ठहराव आएगा

यह पूरी ज़िन्दगी हमारा तुम्हारा बदल जायेगा
एक नया रोशिनी वहाँ पर जगमगाया करेगा

— Raj

#5   15.02.2021
काव्य-अँजुरी

43. मेरा दिल वो समुं

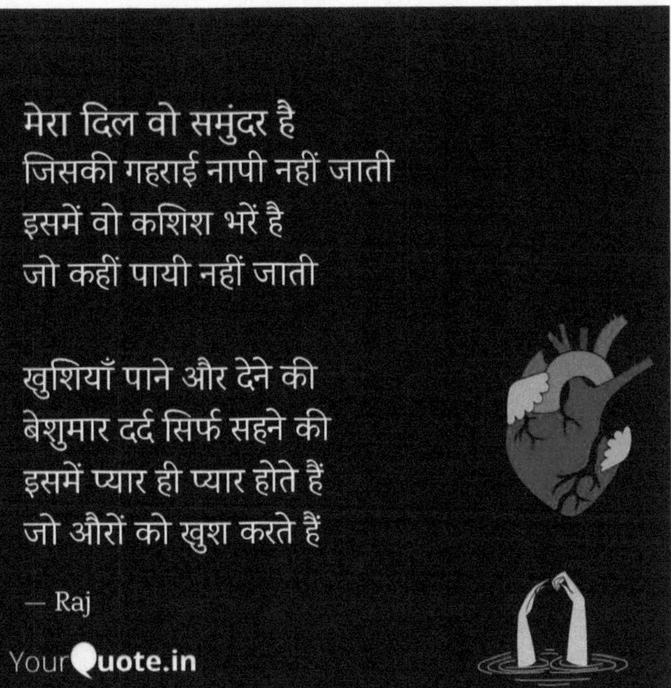

मेरा दिल वो समुंदर है
जिसकी गहराई नापी नहीं जाती
इसमें वो कशिश भरें है
जो कहीं पायी नहीं जाती

खुशियाँ पाने और देने की
बेशुमार दर्द सिर्फ सहने की
इसमें प्यार ही प्यार होते हैं
जो औरों को खुश करते हैं

— Raj
YourQuote.in

44. कभी कभी सितारों से

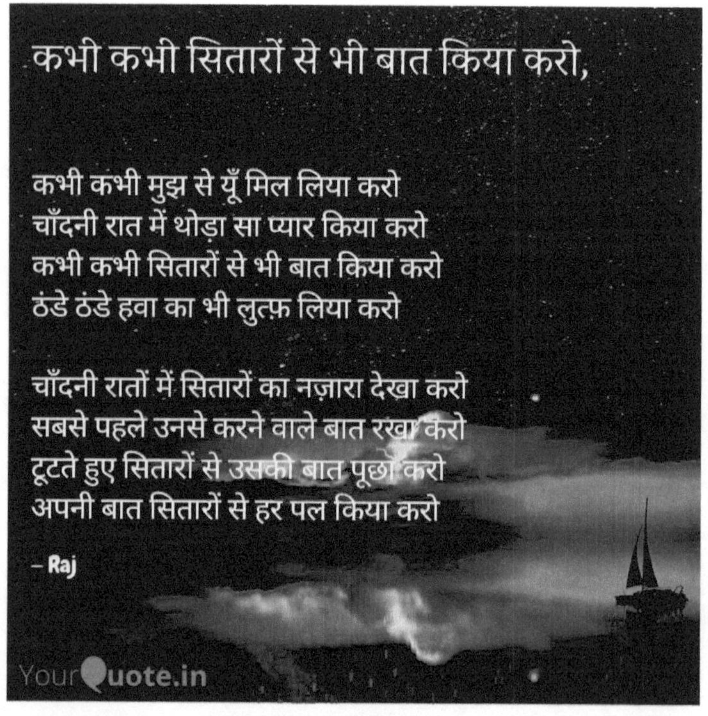

कभी कभी सितारों से भी बात किया करो,

कभी कभी मुझ से यूँ मिल लिया करो
चाँदनी रात में थोड़ा सा प्यार किया करो
कभी कभी सितारों से भी बात किया करो
ठंडे ठंडे हवा का भी लुत्फ़ लिया करो

चाँदनी रातों में सितारों का नज़ारा देखा करो
सबसे पहले उनसे करने वाले बात रखा करो
टूटते हुए सितारों से उसकी बात पूछा करो
अपनी बात सितारों से हर पल किया करो

- Raj

YourQuote.in

45. ख़ुद की ख़ुशी से

ख़ुद की ख़ुशी से खुशियां बांटे ,

ख़ुद की ख़ुशी से खुशियाँ बांटे औरों के दर्द में यह काम आये
लोगों को जब ख़ुशी मिलती है ख़ुद की खुशी बड़ती रहती हैं
दुःख हो या सुःख राहत मिलता है जब कोई अपनी ख़ुशी बांटे
इसलिए दूसरों को खुश देखकर अपनी ख़ुशी बड़ती रहती है
-- Raj

46. घर आँगन की लवारी

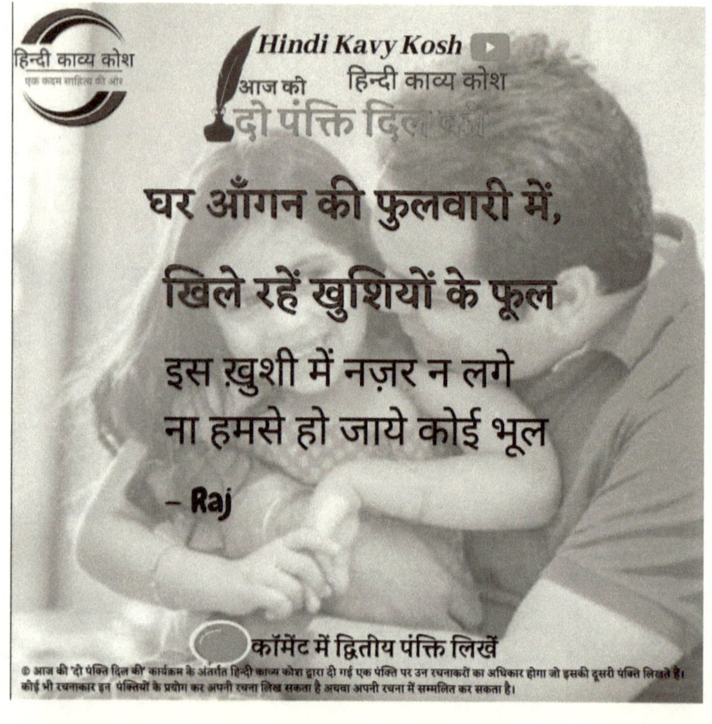

47. उसकी याद

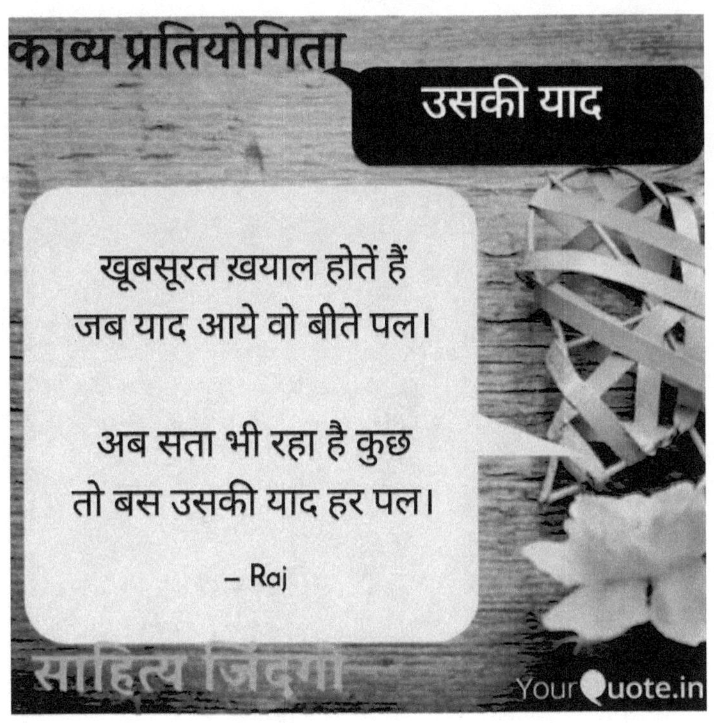

काव्य प्रतियोगिता
उसकी याद
खूबसूरत ख़याल होतें हैं
जब याद आये वो बीते पल।
अब सता भी रहा है कुछ
तो बस उसकी याद हर पल।
– Raj
साहित्य ज़िन्दगी
YourQuote.in

48. डर

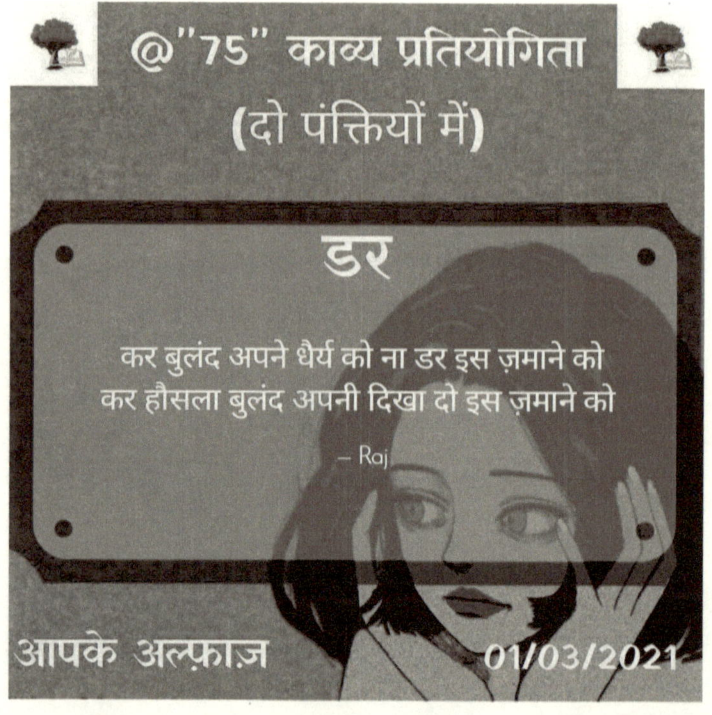

@ "75" काव्य प्रतियोगिता
(दो पंक्तियों में)
डर
कर बुलंद अपने धैर्य को ना डर इस ज़माने को
कर हौसला बुलंद अपनी दिखा दो इस ज़माने को
— Raj
आपके अल्फ़ाज़
01/03/2021

49. करुणा रस

करुणा रस

50. करिश्मा

51. नींद

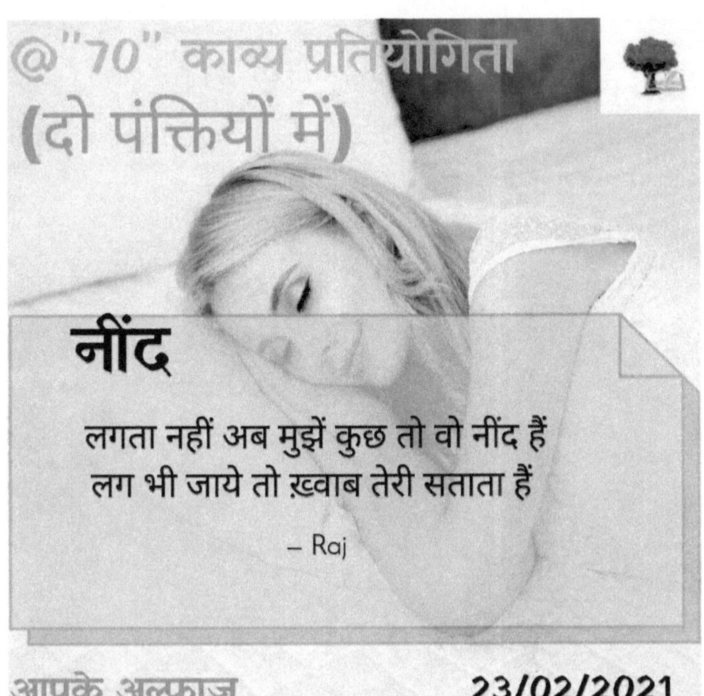

@"70" काव्य प्रतियोगिता
(दो पंक्तियों में)
नींद
लगता नहीं अब मुझें कुछ तो वो नींद हैं
लग भी जाये तो ख़्वाब तेरी सताता हैं
– Raj
आपके अल्फ़ाज़
23/02/2021

52. मैं बहतर हूँ

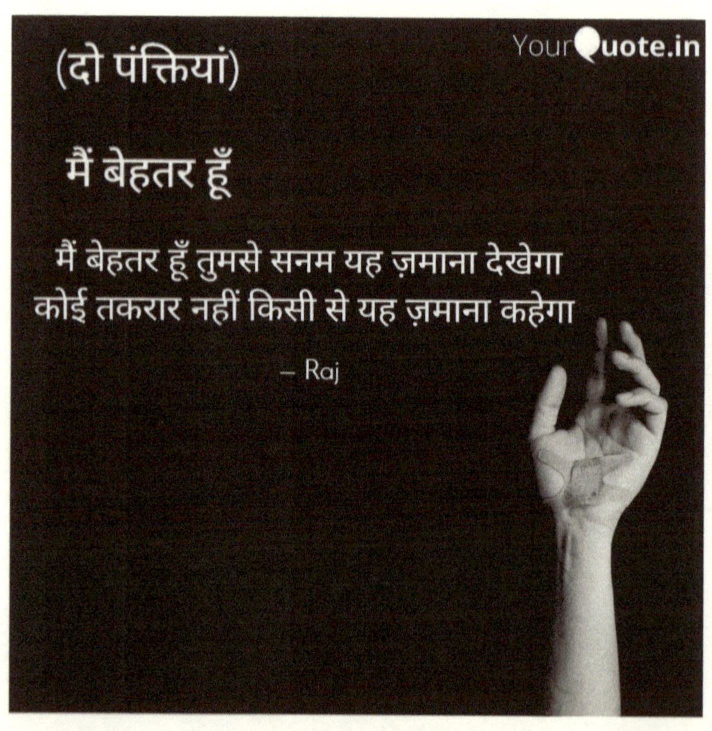

(दो पंक्तियां)

मैं बेहतर हूँ

मैं बेहतर हूँ तुमसे सनम यह ज़माना देखेगा
कोई तकरार नहीं किसी से यह ज़माना कहेगा

— Raj

YourQuote.in

53. ये राहें

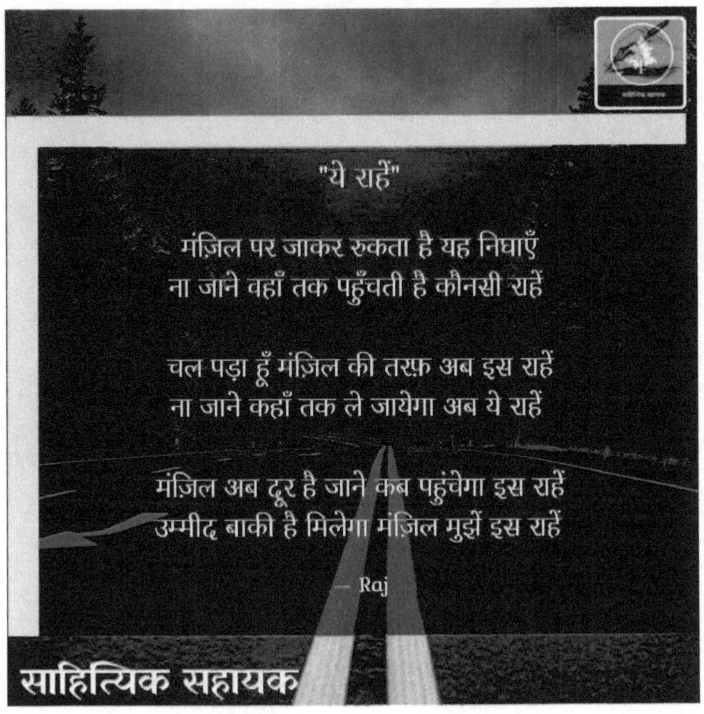

"ये राहें"

मंज़िल पर जाकर रुकता है यह निघाएँ
ना जाने वहाँ तक पहुँचती है कौनसी राहें

चल पड़ा हूँ मंज़िल की तरफ़ अब इस राहें
ना जाने कहाँ तक ले जायेगा अब ये राहें

मंज़िल अब दूर है जाने कब पहुंचेगा इस राहें
उम्मीद बाकी है मिलेगा मंज़िल मुझें इस राहें

— Raj

साहित्यिक सहायक

54. लिखावट

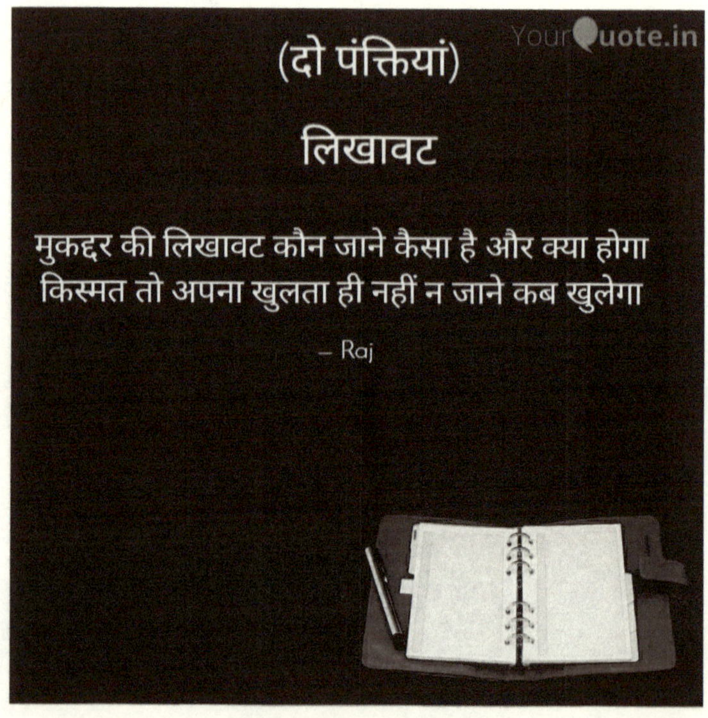
(दो पंक्तियां)

लिखावट

मुकद्दर की लिखावट कौन जाने कैसा है और क्या होगा
किस्मत तो अपना खुलता ही नहीं न जाने कब खुलेगा

— Raj

55. आज नहीं

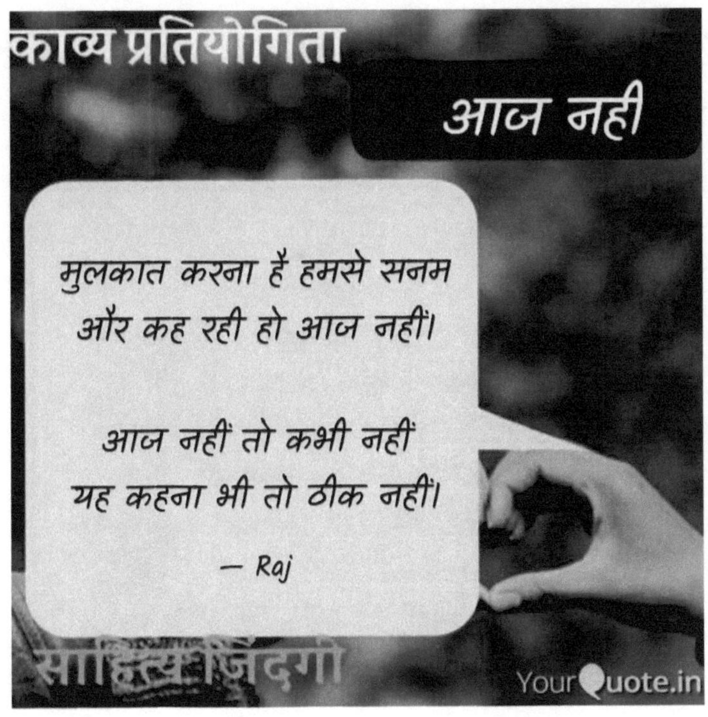

काव्य प्रतियोगिता
आज नही
मुलकात करना है हमसे सनम
और कह रही हो आज नहीं।

आज नहीं तो कभी नहीं
यह कहना भी तो ठीक नहीं।

— Raj
साहित्य ज़िंदगी
YourQuote.in

56. जिंदगी हर क़दम

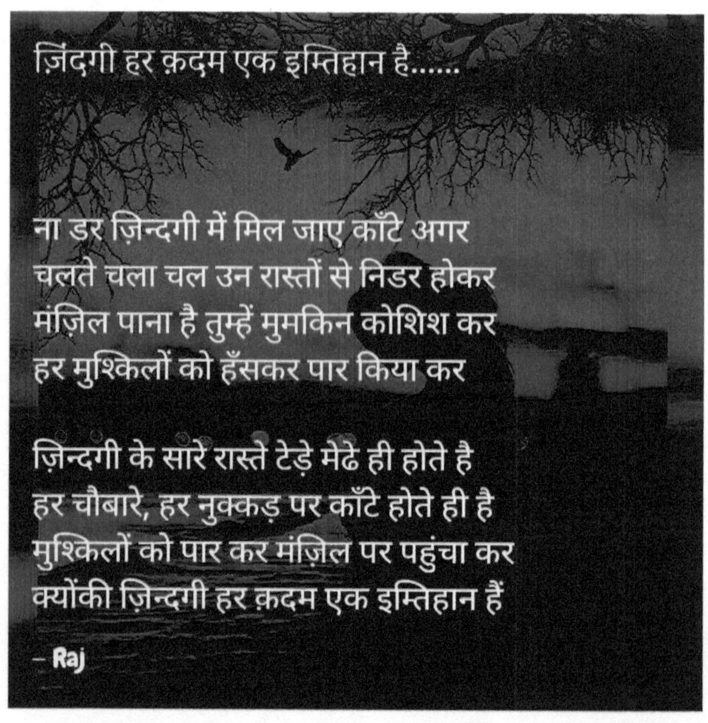

ज़िंदगी हर क़दम एक इम्तिहान है.......

ना डर ज़िन्दगी में मिल जाए काँटे अगर
चलते चला चल उन रास्तों से निडर होकर
मंज़िल पाना है तुम्हें मुमकिन कोशिश कर
हर मुश्किलों को हँसकर पार किया कर

ज़िन्दगी के सारे रास्ते टेड़े मेढे ही होते है
हर चौबारे, हर नुक्कड़ पर काँटे होते ही है
मुश्किलों को पार कर मंज़िल पर पहुंचा कर
क्योंकी ज़िन्दगी हर क़दम एक इम्तिहान हैं

– Raj

57. एक मुलाकात

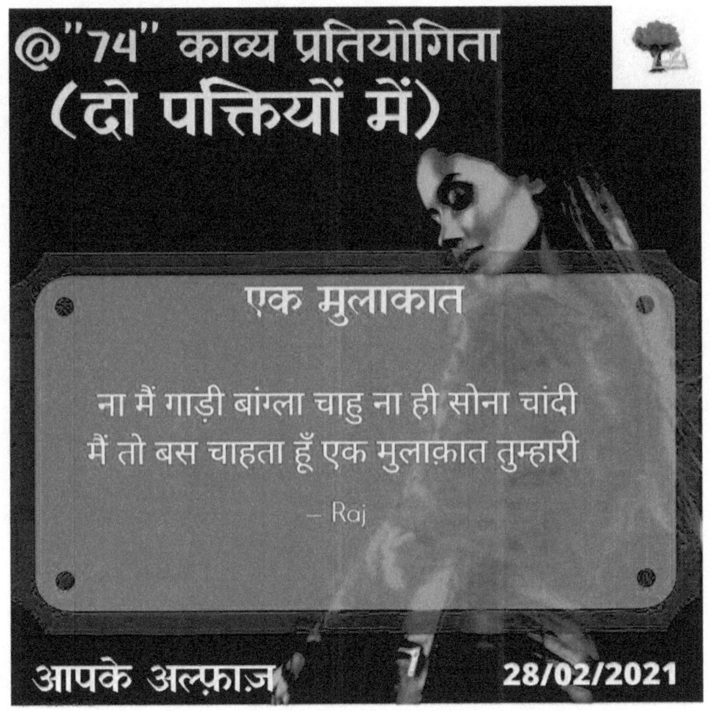

@"74" काव्य प्रतियोगिता
(दो पंक्तियों में)
एक मुलाकात
ना मैं गाड़ी बांग्ला चाहु ना ही सोना चांदी
मैं तो बस चाहता हूँ एक मुलाक़ात तुम्हारी
— Raj
आपके अल्फ़ाज़
28/02/2021

58. फूल तुम गुलाब का

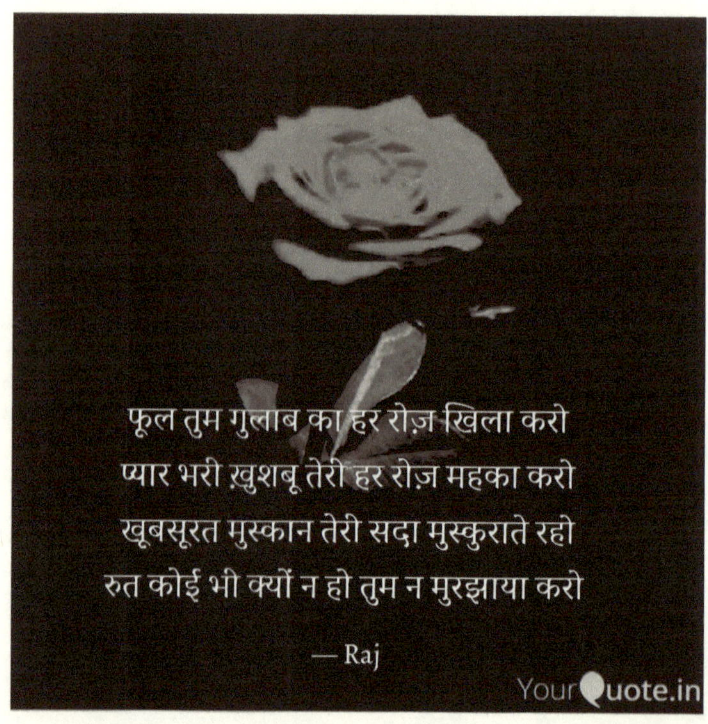

फूल तुम गुलाब का हर रोज़ खिला करो
प्यार भरी ख़ुशबू तेरी हर रोज़ महका करो
खूबसूरत मुस्कान तेरी सदा मुस्कुराते रहो
रुत कोई भी क्यों न हो तुम न मुरझाया करो

— Raj

59. पंक्षी

60. प्यार की तरफ

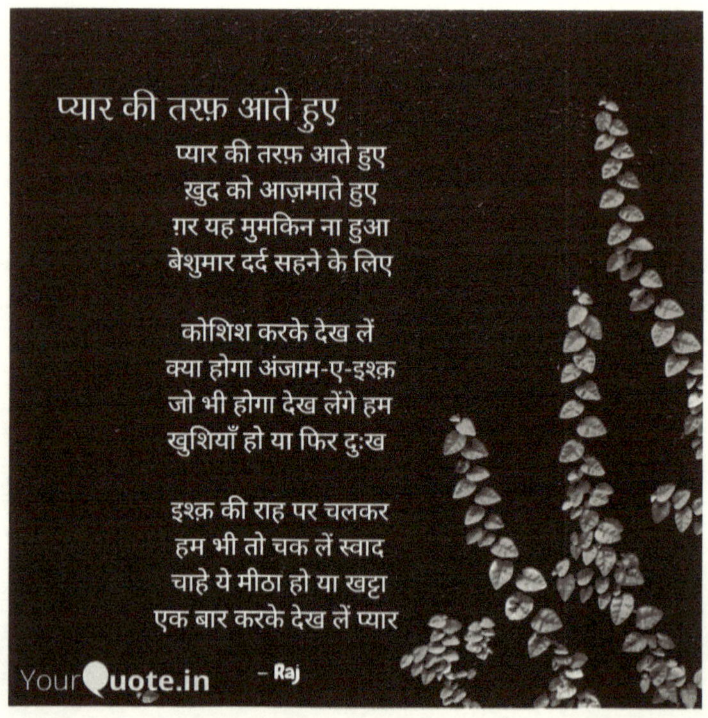

प्यार की तरफ़ आते हुए
प्यार की तरफ़ आते हुए
ख़ुद को आज़माते हुए
ग़र यह मुमकिन ना हुआ
बेशुमार दर्द सहने के लिए

कोशिश करके देख लें
क्या होगा अंजाम-ए-इश्क़
जो भी होगा देख लेंगे हम
खुशियाँ हो या फिर दुःख

इश्क़ की राह पर चलकर
हम भी तो चक लें स्वाद
चाहे ये मीठा हो या खट्टा
एक बार करके देख लें प्यार

YourQuote.in   – Raj

61. रौद्र रस

रौद्र रस
शत्रुओं का काल बने यह रौद्र रस मेरा
तांडव बने है रौद्र का आधीन हमारा
जब चढ़ता हैं गुस्से की आग हमारा
कर देता है भस्म वो गलत ढेर सारा

डमरू बजता है जब गुस्सा हो तेज मेरा
नृत्य करता हूँ मैं बड़े जोर से हर पल
जिसे लोग कहते हैं तांडव हमारा
त्रिनेत्र से घबराये लोग सारा

शत्रु विनाश का रूप है यह रौद्र रस मेरा
शत्रु नाश कर देता हूँ जब रौद्र रूप है धरा
हरण कर देता हूँ उन अधर्मियों की जान को
धर्म की स्थापना करना है मुझको

62. तुम्हारा रूठना

63. सात फेरे

64. सनम

सनम

शहर-ए-मोहब्बत में आया हूँ मैं
आ ज़रा मिल लो मुझे अब तुम

अहल-ए-मोहब्बत चाहता हूँ मैं
आ आकर गले लग जाओ तुम

चाहता हूँ मैं सिर्फ तेरे संग जिए
ऐ सनम आँखों को सजा दो तुम

न देखूँ तुझे तो दिल-ए-ज़ार हो
दिल मेरा तड़पे तेरे दीदार को

तू नहीं तो कुछ भी नहीं है यहाँ
दुनिया बेजान सी लगी है वहाँ

फूलों सा अपने ख़ुशबू महका जा
मेरे ज़िन्दगी को रोशन किए जा

वीरान सी मेरी ज़िन्दगी के अँधेरे में
इश्क़ का दीपक जलाता चला जा

— Raj

"""

65. सिर्फ तुम्हे चाहा

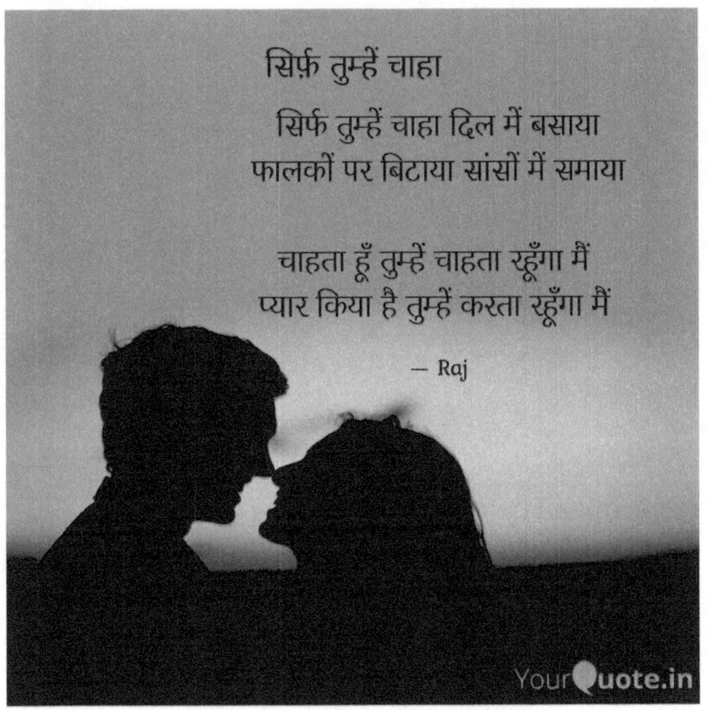

सिर्फ़ तुम्हें चाहा
सिर्फ तुम्हें चाहा दिल में बसाया
फालकों पर बिटाया सांसों में समाया

चाहता हूँ तुम्हें चाहता रहूँगा मैं
प्यार किया है तुम्हें करता रहूँगा मैं

— Raj

66. इश्क़ सब्द ही

'इश्क़' शब्द ही
सरदर्द है
न जाने कितनो
का दिल टूटे है
इश्क़ करना गुना है
उम्र भर का सजा है
इश्क़ में कितने बर्बाद हुए
सेंसेस नहीं निकाले है

— Raj

67. सर पर छत

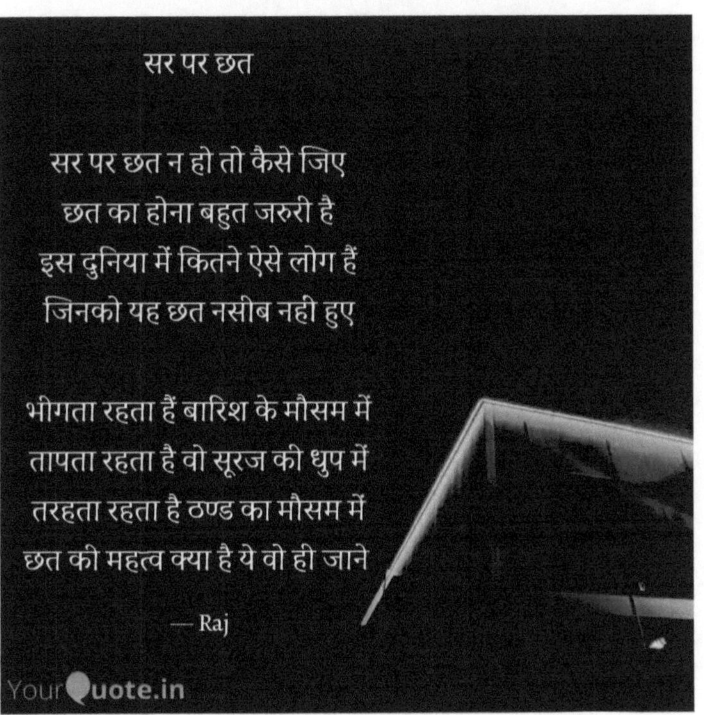

सर पर छत

सर पर छत न हो तो कैसे जिए
छत का होना बहुत जरुरी है
इस दुनिया में कितने ऐसे लोग हैं
जिनको यह छत नसीब नही हुए

भीगता रहता हैं बारिश के मौसम में
तापता रहता है वो सूरज की धुप में
तरहता रहता है ठण्ड का मौसम में
छत की महत्व क्या है ये वो ही जाने

— Raj

68. दान, धर्म और करुणा

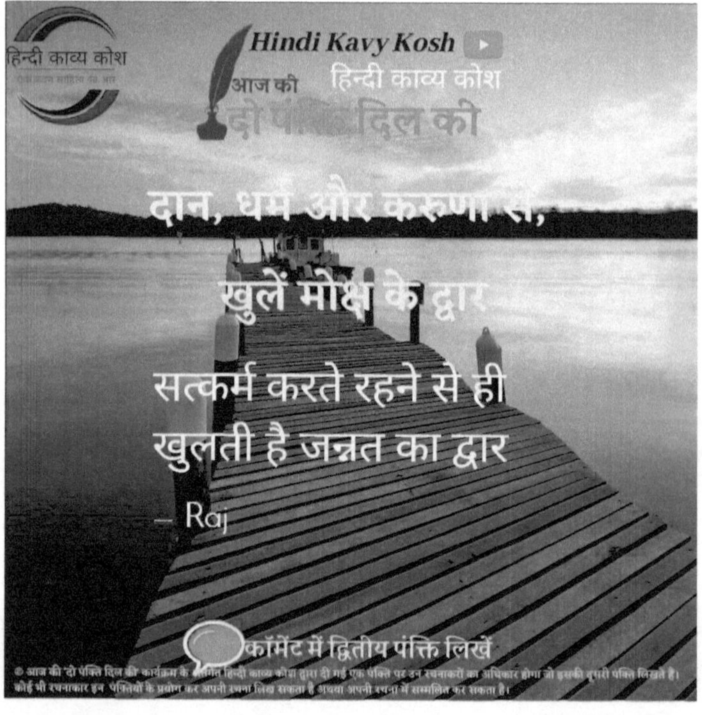

69. सुविचार

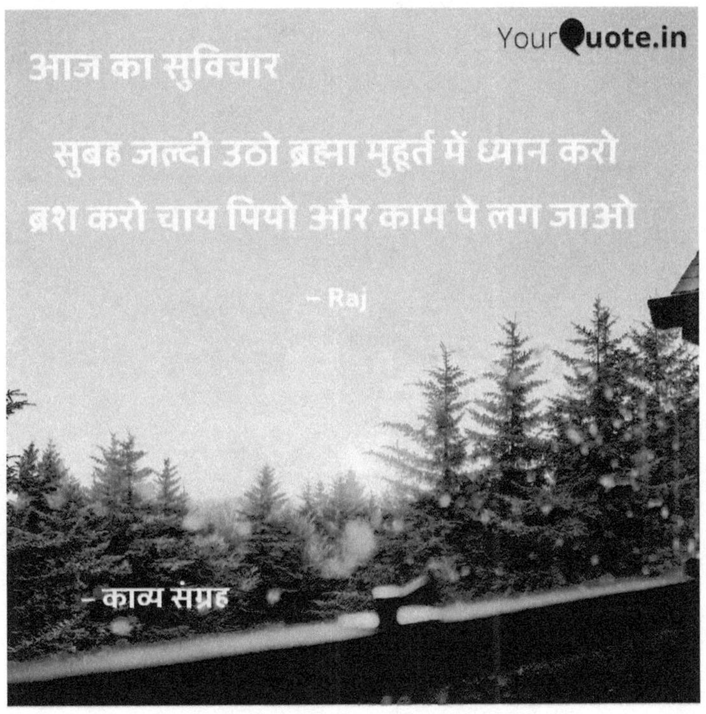

Your Quote.in
आज का सुविचार
सुबह जल्दी उठो ब्रह्मा मुहूर्त में ध्यान करो
ब्रश करो चाय पियो और काम पे लग जाओ
– Raj
– काव्य संग्रह

70. उम्मीद की किरण

उम्मीद की किरण
सूरज की पहली किरण
जो लाता है नया सवेरा
हर सवेरा से जागता है
उम्मीद की किरण यहाँ

फूलों की ये मुस्कुराहट
दिल में भरता है उमंग
महकता हुआ ख़ुशबू
मन को बहलाता यहाँ

पक्षियों की यह कलरव
कानों में सुरीला अनुभव
कर देता है मन को शांत
सुकूँ सा अनुभूति है यहाँ
— Raj

71. सूरज की रौशनी

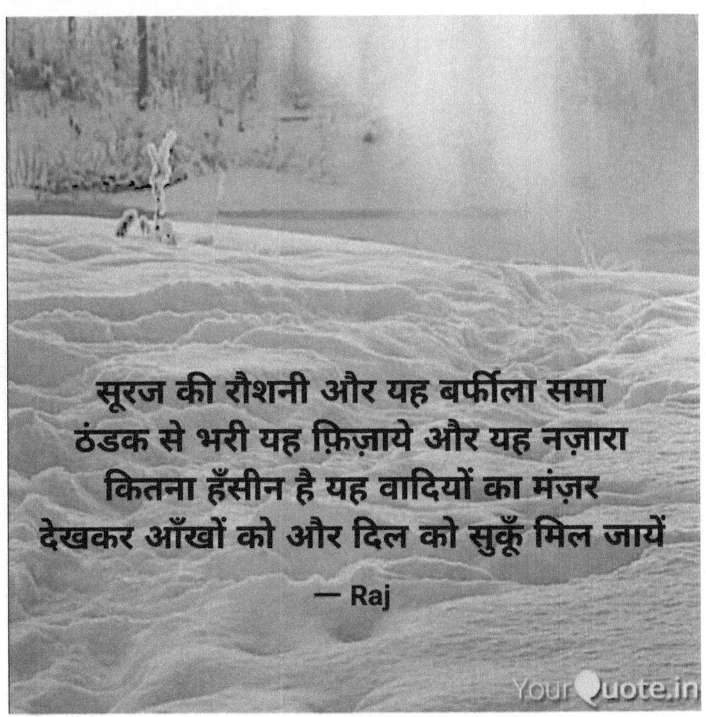

सूरज की रौशनी और यह बर्फीला समा
ठंडक से भरी यह फ़िज़ाये और यह नज़ारा
कितना हँसीन है यह वादियों का मंज़र
देखकर आँखों को और दिल को सुकूँ मिल जायें
— Raj

72. तेरे संग

@"62" काव्य प्रतियोगिता (दो पंक्तियों में)
तेरे संग....
ताउम्र तेरे संग रहना ता यहाँ हमें तेरी शौहर बन कर
ख़्वाब था जो ख़्वाब ही रह गया अनकही मुराद बन कर
— Raj
आपके अल्फ़ाज़
15/02/2021

73. घना तिमिर है

Hindi Kavy Kosh
आज की
दो पंक्ति दिल की

घना तिमिर है, सघन कुहासा,

भरें उजास, यही अभिलाषा।

तिमिर और कुहासा दूर होगा ज्ञान के सागर से
दिवाकर का प्रकाश आएगा जागेगी यहाँ आशा।

– Raj

कॉमेंट में द्वितीय पंक्ति लिखें

74. दीवार

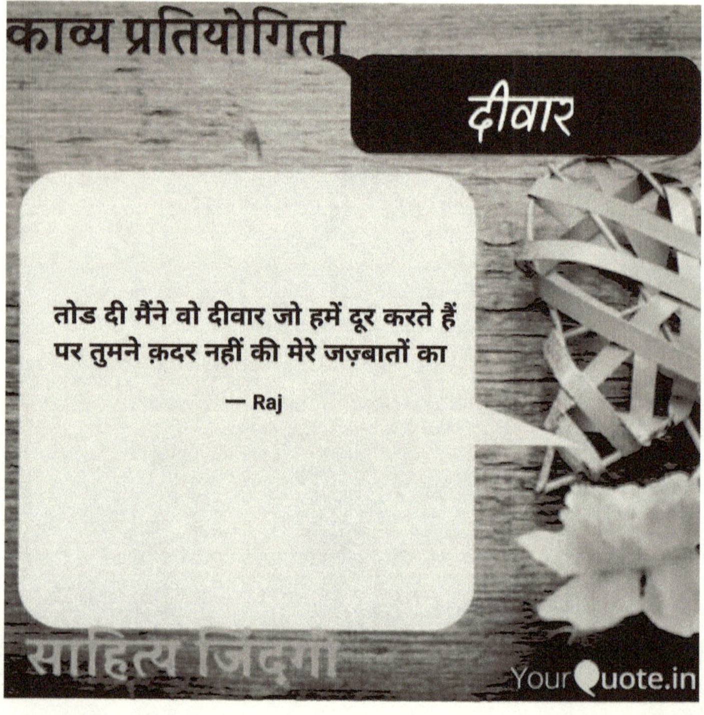

काव्य प्रतियोगिता
दीवार
तोड़ दी मैंने वो दीवार जो हमें दूर करते हैं
पर तुमने क़दर नहीं की मेरे जज़्बातों का
— Raj
साहित्य ज़िंदगी
YourQuote.in

75. तुम्हारा जाना

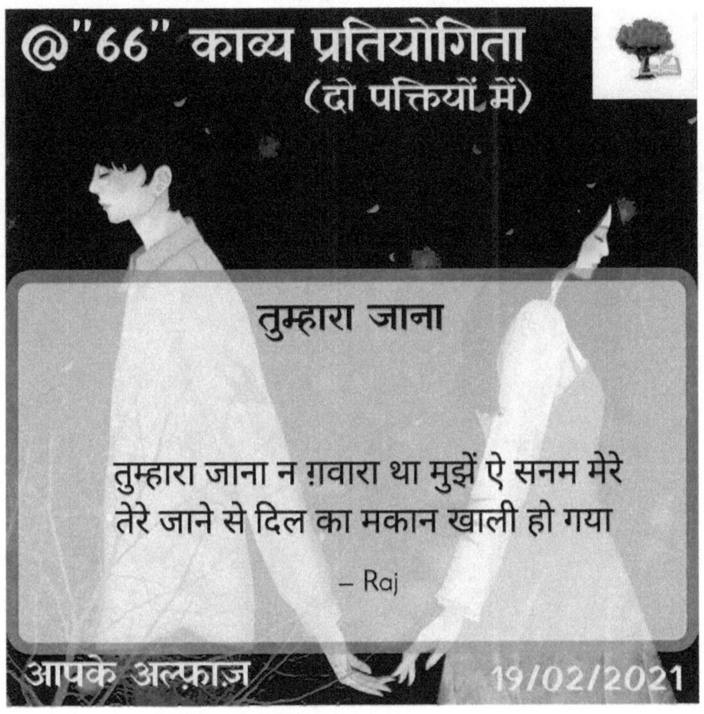

@ "66" काव्य प्रतियोगिता
(दो पक्तियों में)

तुम्हारा जाना

तुम्हारा जाना न ग़वारा था मुझें ऐ सनम मेरे
तेरे जाने से दिल का मकान खाली हो गया

– Raj

आपके अल्फ़ाज़   19/02/2021

76. बस तेरा साथ हो

बस तेरा साथ हो.....

तुम्हारा साथ हमें
मिलें सातों जन्म
यही मन्नत हर दम
मांगू मैं मेरे सनम

इस जीवन में मैं
और कुछ ना चाहूँ
अगर कुछ चाहूँ तो
बस तेरा साथ हो

तुमसे मेरा जीवन
खुशियों से भरें हैं
बिन मांगे ही रब ने
सब कुछ दिया हैं

मुझें ऐसा लगे हैं
जैसे हम बने हैं
एक दूजे के लिए
कहीं जन्मों से यहाँ

- Raj

77. निगाहें

78. आँखों में नमी

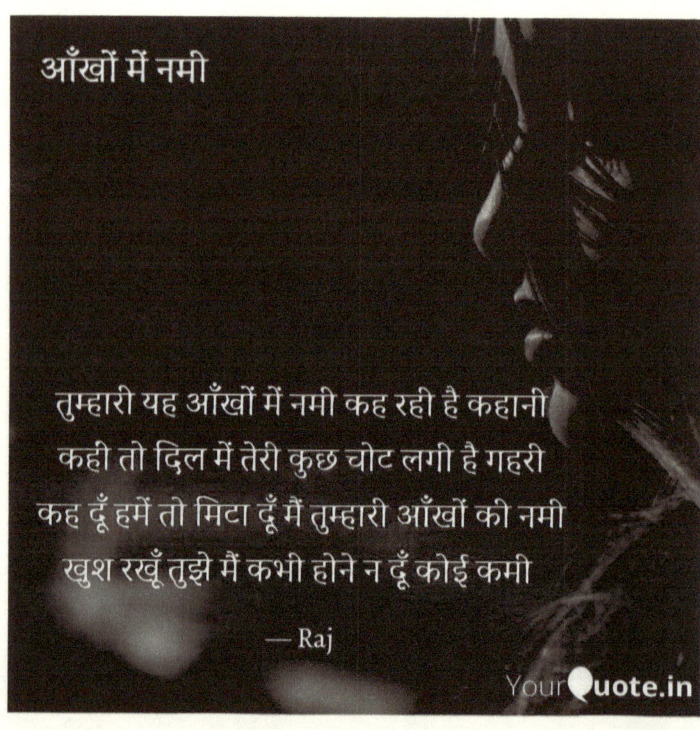

आँखों में नमी

तुम्हारी यह आँखों में नमी कह रही है कहानी
कही तो दिल में तेरी कुछ चोट लगी है गहरी
कह दूँ हमें तो मिटा दूँ मैं तुम्हारी आँखों की नमी
खुश रखूँ तुझे मैं कभी होने न दूँ कोई कमी

— Raj

79. कातिल निगाहें

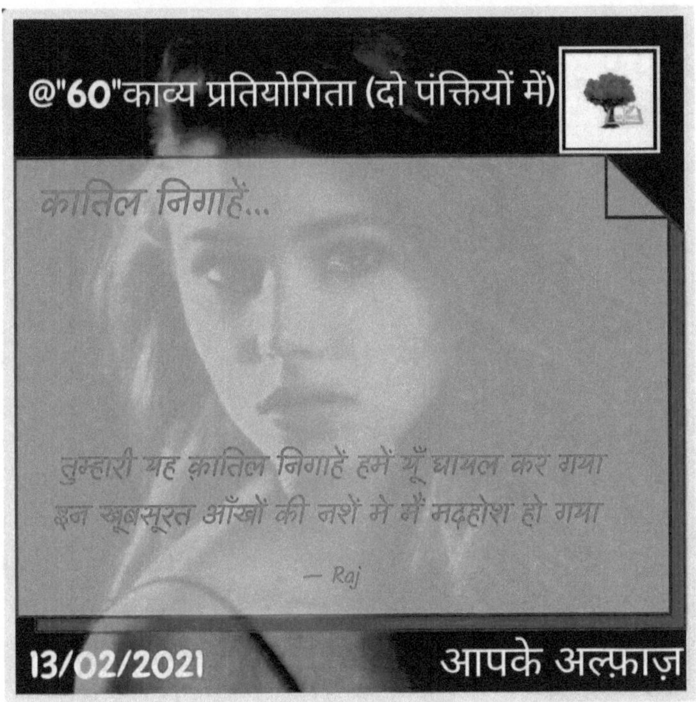

@"60"काव्य प्रतियोगिता (दो पंक्तियों में)
कातिल निगाहें...
तुम्हारी यह कातिल निगाहें हमें यूँ घायल कर गया
इन ख़ूबसूरत आँखों की नशें में मैं मदहोश हो गया
— Raj
13/02/2021
आपके अल्फ़ाज़

80. तुम्हें ही पाना

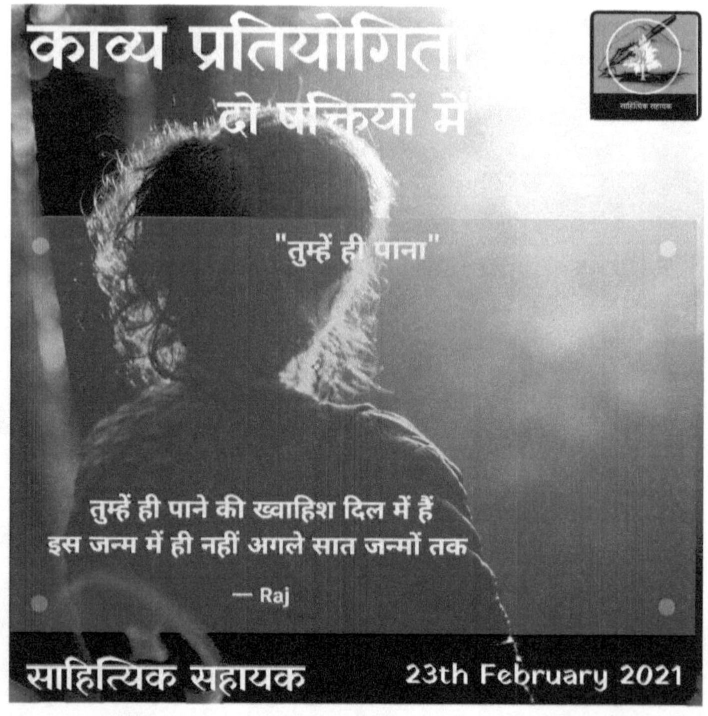

काव्य प्रतियोगिता
दो पंक्तियों में
"तुम्हें ही पाना"
तुम्हें ही पाने की ख्वाहिश दिल में हैं
इस जन्म में ही नहीं अगले सात जन्मों तक
— Raj
साहित्यिक सहायक
23th February 2021

81. ग़लती कर बैठे

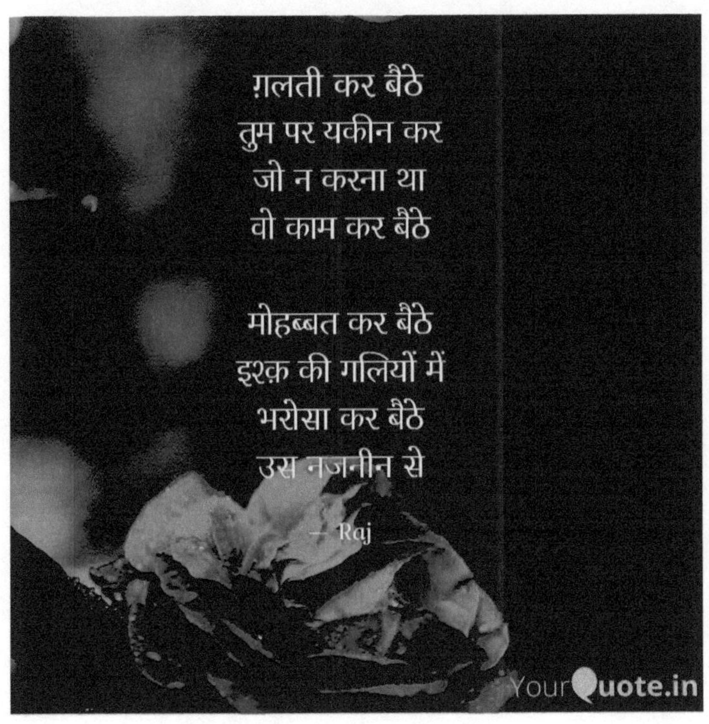

ग़लती कर बैठे
तुम पर यकीन कर
जो न करना था
वो काम कर बैठे

मोहब्बत कर बैठे
इश्क़ की गलियों में
भरोसा कर बैठे
उस नजनीन से

— Raj

82. तू इस तरह मेरे

तू इस तरह मेरे जीवन में शामिल है,

तू इस तरह मेरे जीवन में शामिल है
जैसे हम दो बदन और एक जान हैं
जैसे साँसो के संग यह जीवन हैं
जैसे धड़कन के संग यह दिल हैं

ग़र साँस न चलता तो जीवन न होता
और धड़कन न होता तो दिल न होता
नमक न होता तो स्वाद भी न होता
तुम्हारा प्यार न होता तो मैं भी न होता

— Raj

83. शाम आई है

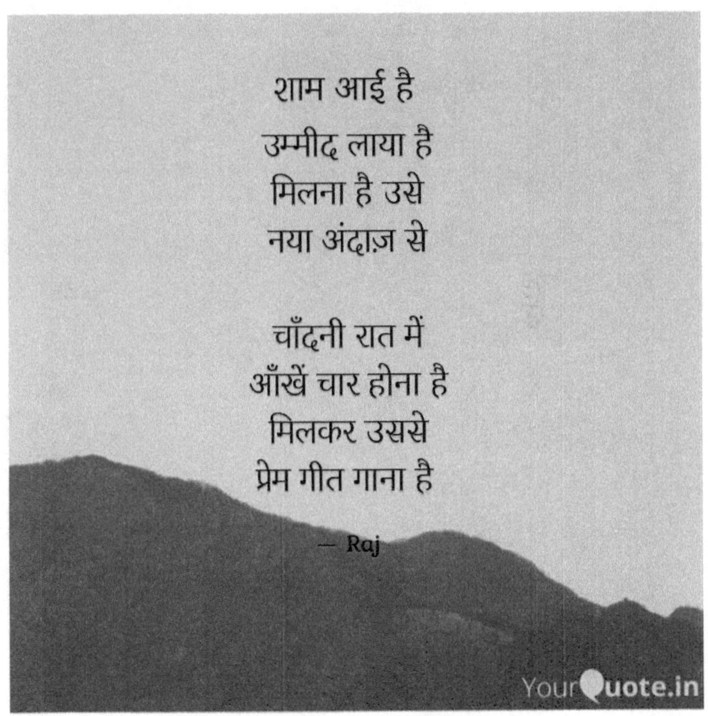

शाम आई है
उम्मीद लाया है
मिलना है उसे
नया अंदाज़ से

चाँदनी रात में
आँखें चार हीना है
मिलकर उससे
प्रेम गीत गाना है

— Raj

84. किसी का दर्द बाँट लो

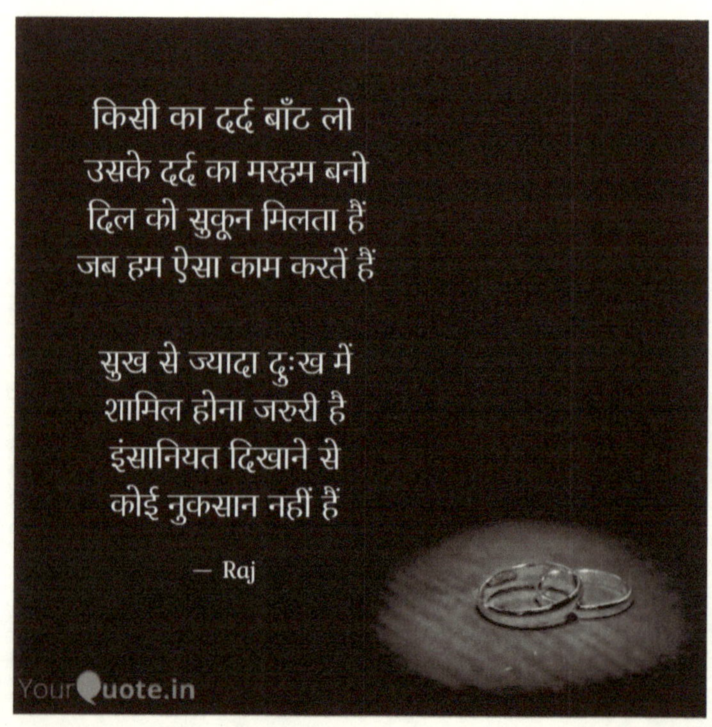

85. विदाई की बेला

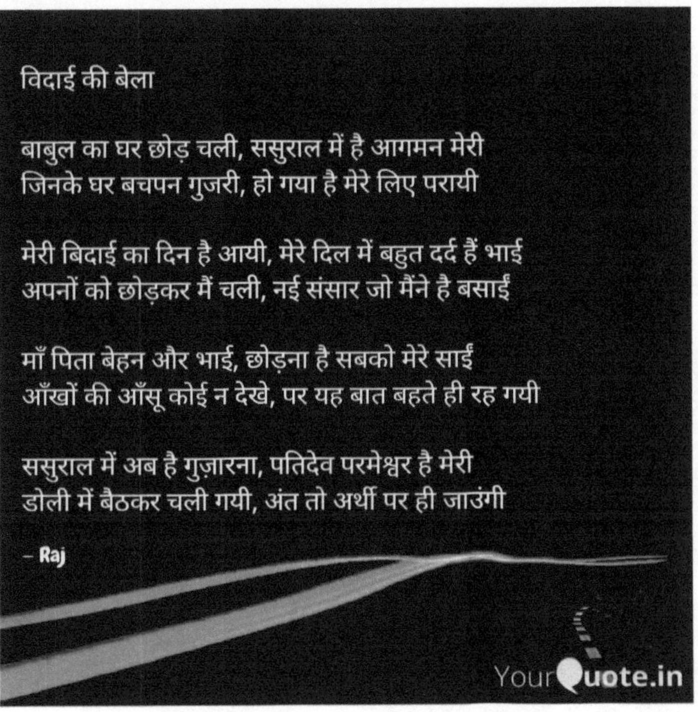

विदाई की बेला

बाबुल का घर छोड़ चली, ससुराल में है आगमन मेरी
जिनके घर बचपन गुजरी, हो गया है मेरे लिए परायी

मेरी बिदाई का दिन है आयी, मेरे दिल में बहुत दर्द हैं भाई
अपनों को छोड़कर मैं चली, नई संसार जो मैंने है बसाई

माँ पिता बेहन और भाई, छोड़ना है सबको मेरे साईं
आँखों की आँसू कोई न देखे, पर यह बात बहते ही रह गयी

ससुराल में अब है गुज़ारना, पतिदेव परमेश्वर है मेरी
डोली में बैठकर चली गयी, अंत तो अर्थी पर ही जाउंगी

– Raj

86. विद्‌या ऐसा धन है

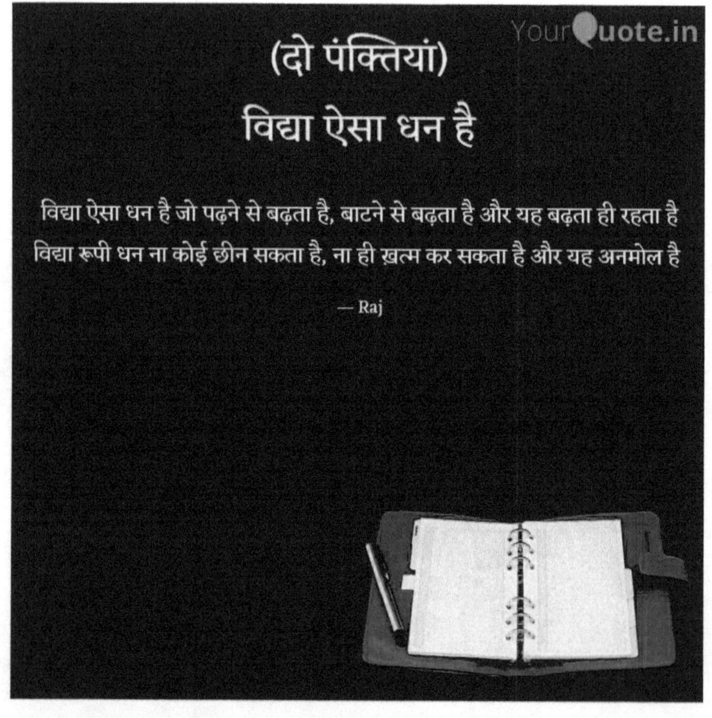
(दो पंक्तियां)
विद्या ऐसा धन है
विद्या ऐसा धन है जो पढ़ने से बढ़ता है, बाटने से बढ़ता है और यह बढ़ता ही रहता है
विद्या रूपी धन ना कोई छीन सकता है, ना ही ख़त्म कर सकता है और यह अनमोल है
— Raj

87. विभत्स रस

वीभत्स रस

यह बदलती दुनिया, मतलबी लोग यहाँ
इंसान को ना समझें, हैवान बने है यहाँ

स्त्रीयों की इज़्ज़त नहीं, करता यहाँ यह लोग
जहाँ देखूँ मिले यहाँ, हवस के शिकार स्त्री

बदले हुए विचार यहाँ, होता है वीभत्स मन में
कैसे करु स्वीकार यह, इंसानियत के खिलाफ है

चारो तरफ़ हैवानियत ही, दिकता है इस दुनिया में
कोई तो इंसान बने यहाँ, स्त्रीयों की रक्षा सदा करें

— Raj

YourQuote.in

88. साँसों का बंधन

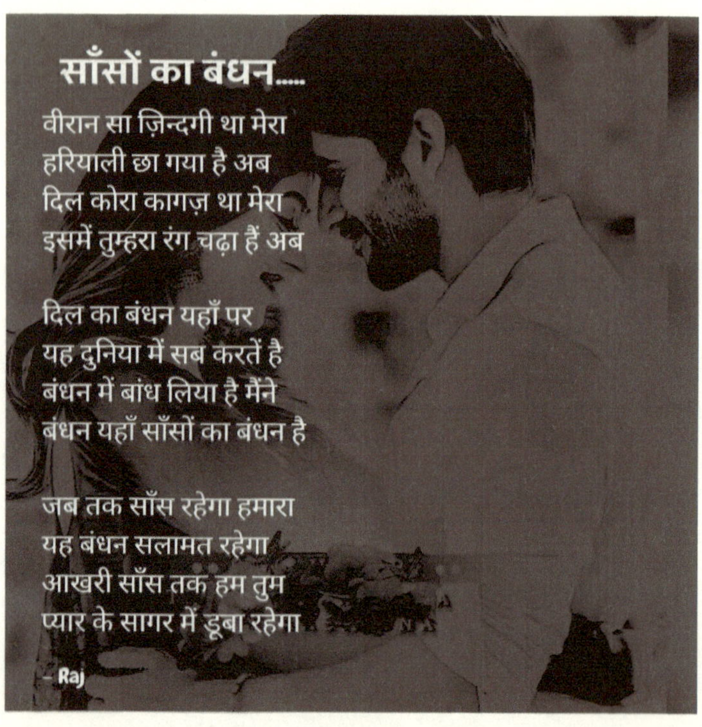

साँसों का बंधन.....
वीरान सा ज़िन्दगी था मेरा
हरियाली छा गया है अब
दिल कोरा कागज़ था मेरा
इसमें तुम्हरा रंग चढ़ा हैं अब

दिल का बंधन यहाँ पर
यह दुनिया में सब करतें है
बंधन में बांध लिया है मैंने
बंधन यहाँ साँसों का बंधन है

जब तक साँस रहेगा हमारा
यह बंधन सलामत रहेगा
आखरी साँस तक हम तुम
प्यार के सागर में डूबा रहेगा

– Raj

89. किस से कहूँ

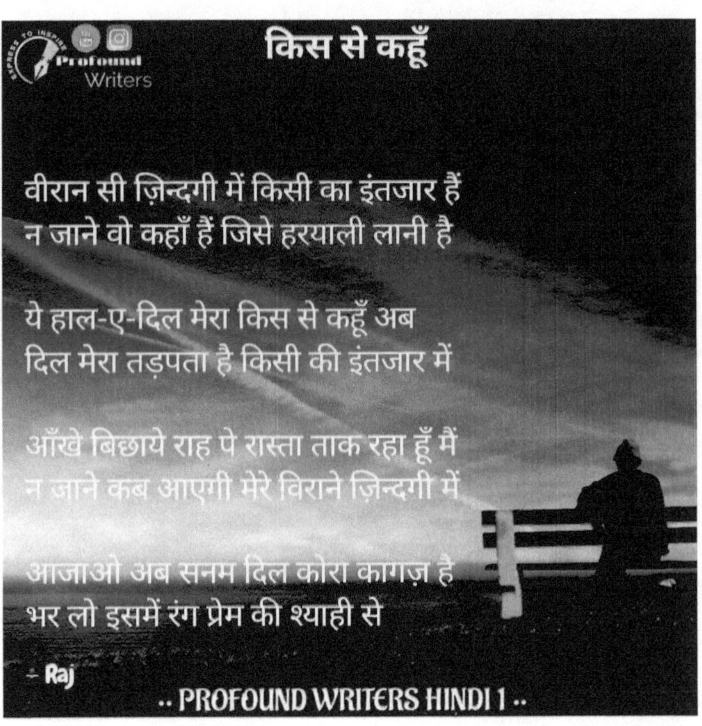

किस से कहूँ

वीरान सी ज़िन्दगी में किसी का इंतजार हैं
न जाने वो कहाँ हैं जिसे हरयाली लानी है

ये हाल-ए-दिल मेरा किस से कहूँ अब
दिल मेरा तड़पता है किसी की इंतजार में

आँखे बिछाये राह पे रास्ता ताक रहा हूँ मैं
न जाने कब आएगी मेरे विराने ज़िन्दगी में

आजाओ अब सनम दिल कोरा कागज़ है
भर लो इसमें रंग प्रेम की श्याही से

- Raj

.. PROFOUND WRITERS HINDI 1 ..

90. वीर रस

वीर रस

जब जंग होता है कहीं, दो चीज है होता वही
एक तो वहाँ जीत है, और दूसरा पराजय

जान जाती है वहाँ, मैदाने जंग में सदा
जो जीत गया वही, सुरमा कहलाता यहाँ

सैनिक वीर होते ही हैं, उनमे वीर रस दिखाते हैं
वीर रस के बिना यहाँ, जीत पाना असंभव हैं

पराजित में भी यहाँ, वीर रस होते हैं सदा
इस लिए ही उन्हें यहाँ, वीर गति प्राप्त होती है

– Raj

91. भूख से व्याकुल

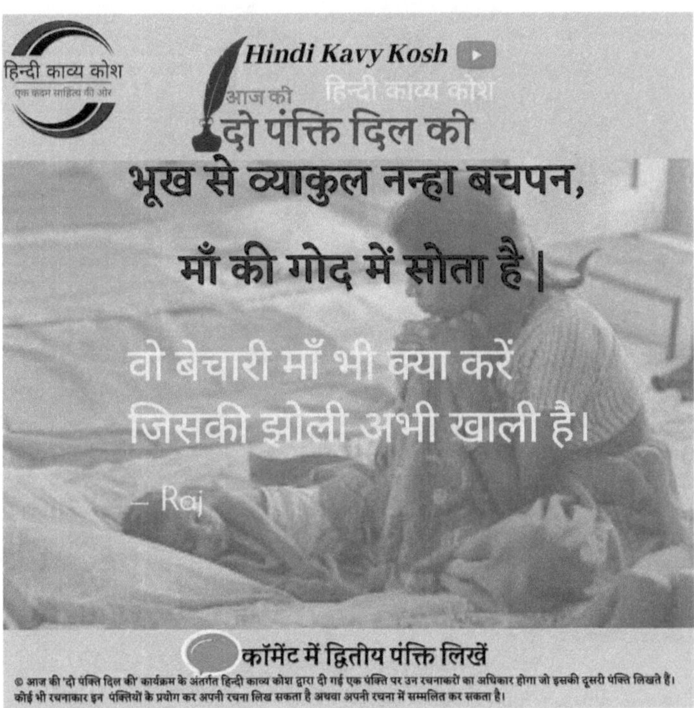

हिन्दी काव्य कोश
एक कदम साहित्य की ओर
Hindi Kavy Kosh
आज की
दो पंक्ति दिल की
हिन्दी काव्य कोश
भूख से व्याकुल नन्हा बचपन,
माँ की गोद में सोता है।
वो बेचारी माँ भी क्या करें
जिसकी झोली अभी खाली है।
– Raj
कॉमेंट में द्वितीय पंक्ति लिखें
© आज की 'दो पंक्ति दिल की' कार्यक्रम के अंतर्गत हिन्दी काव्य कोश द्वारा दी गई एक पंक्ति पर उन रचनाकारों का अधिकार होगा जो इसकी दूसरी पंक्ति लिखते हैं। कोई भी रचनाकार इन पंक्तियों के प्रयोग कर अपनी रचना लिख सकता है अथवा अपनी रचना में सम्मलित कर सकता है।

92. किरदार

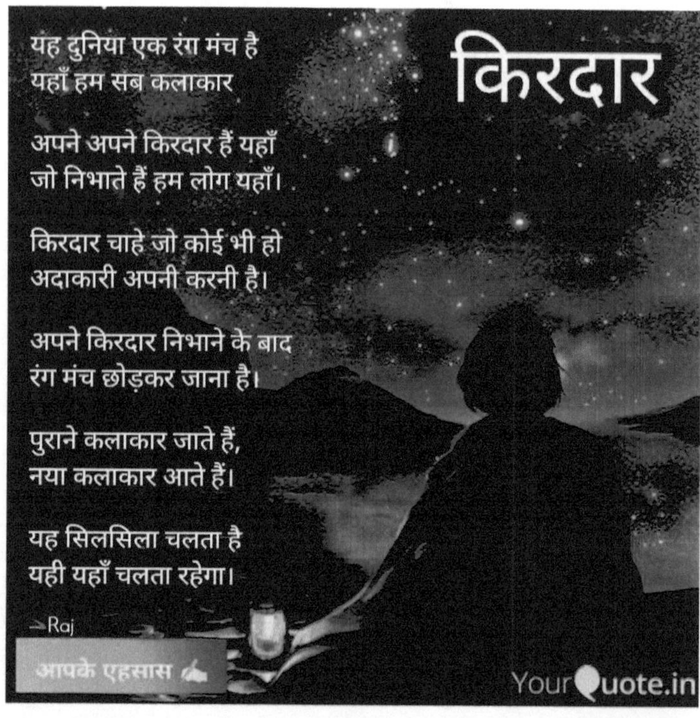

किरदार

यह दुनिया एक रंग मंच है
यहाँ हम सब कलाकार

अपने अपने किरदार हैं यहाँ
जो निभाते हैं हम लोग यहाँ।

किरदार चाहे जो कोई भी हो
अदाकारी अपनी करनी है।

अपने किरदार निभाने के बाद
रंग मंच छोड़कर जाना है।

पुराने कलाकार जाते हैं,
नया कलाकार आते हैं।

यह सिलसिला चलता है
यही यहाँ चलता रहेगा।

~Raj

आपके एहसास

YourQuote.in

93. रूप

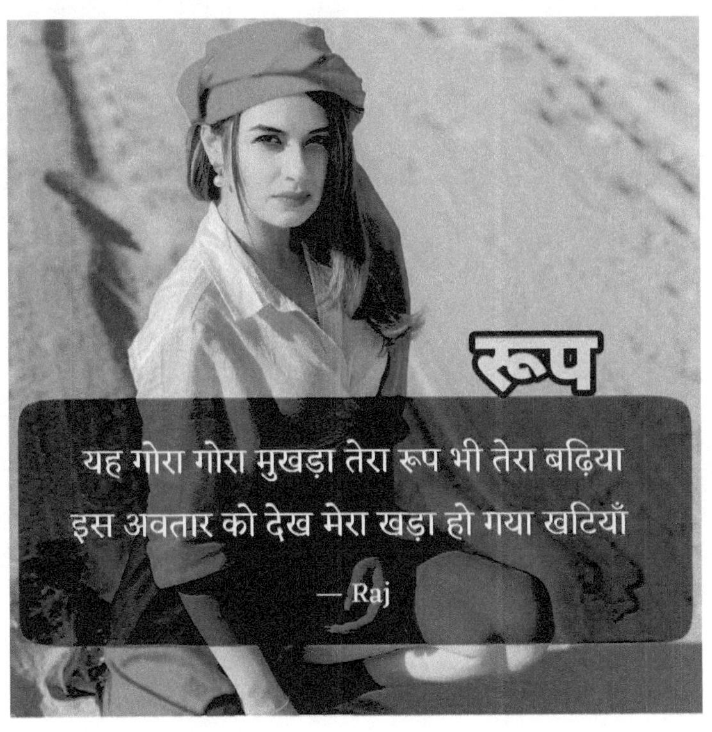

94. सर्द रात

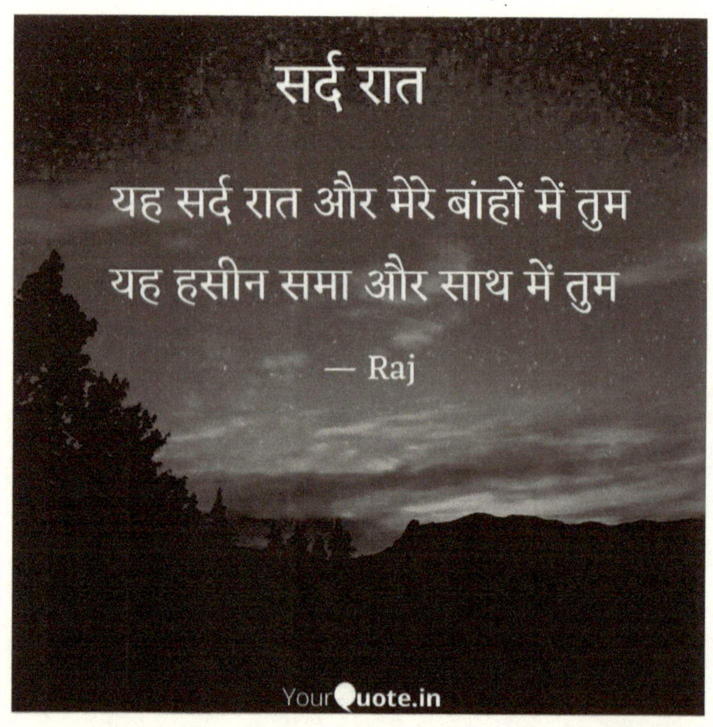

95. जिम्मेदारियां

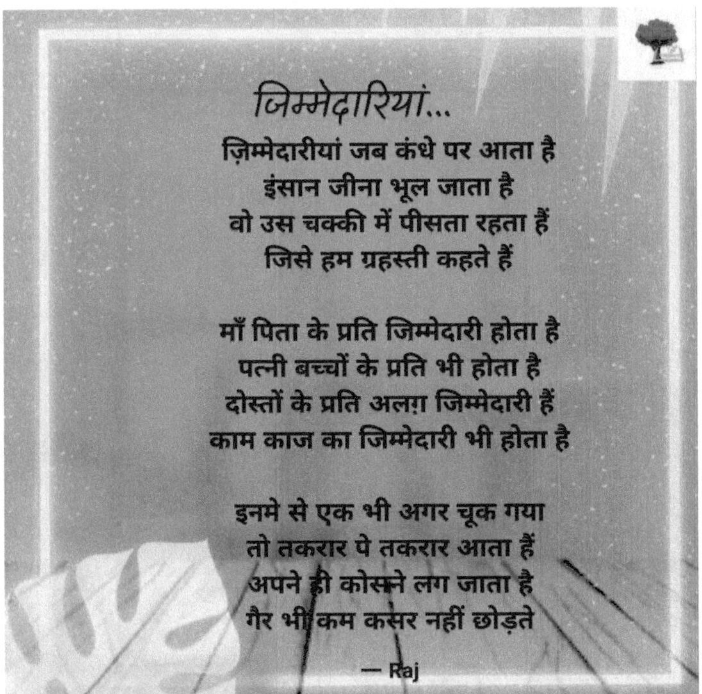

जिम्मेदारियां...
ज़िम्मेदारीयां जब कंधे पर आता है
इंसान जीना भूल जाता है
वो उस चक्की में पीसता रहता हैं
जिसे हम ग्रहस्ती कहते हैं

माँ पिता के प्रति जिम्मेदारी होता है
पत्नी बच्चों के प्रति भी होता है
दोस्तों के प्रति अलग़ जिम्मेदारी हैं
काम काज का जिम्मेदारी भी होता है

इनमे से एक भी अगर चूक गया
तो तकरार पे तकरार आता हैं
अपने ही कोसने लग जाता है
गैर भी कम कसर नहीं छोड़ते

— Raj

96. तुम्हें महसूस किया

97. कुछ पल की जिंदगी

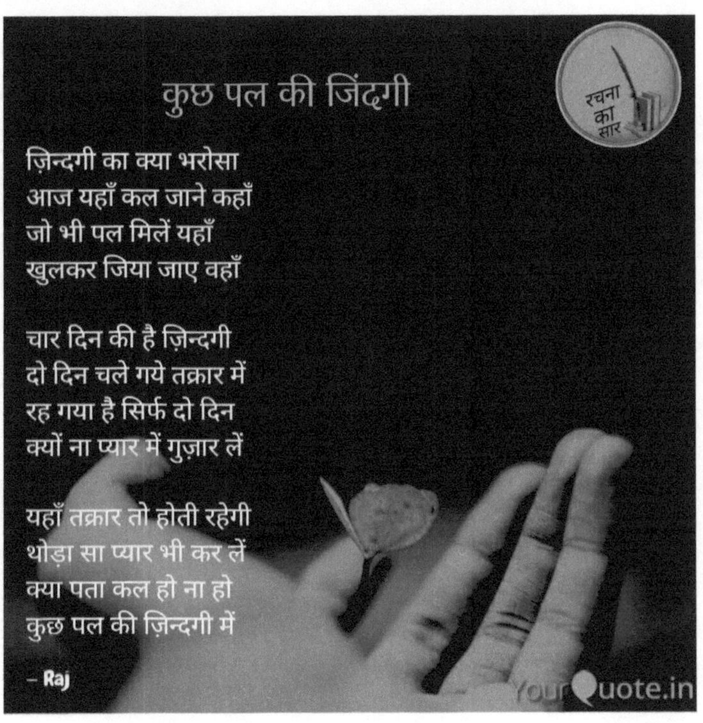

कुछ पल की जिंदगी

ज़िन्दगी का क्या भरोसा
आज यहाँ कल जाने कहाँ
जो भी पल मिलें यहाँ
खुलकर जिया जाए वहाँ

चार दिन की है ज़िन्दगी
दो दिन चले गये तक्रार में
रह गया है सिर्फ दो दिन
क्यों ना प्यार में गुज़ार लें

यहाँ तक्रार तो होती रहेगी
थोड़ा सा प्यार भी कर लें
क्या पता कल हो ना हो
कुछ पल की ज़िन्दगी में

- Raj

98. उलझानें तो हैं

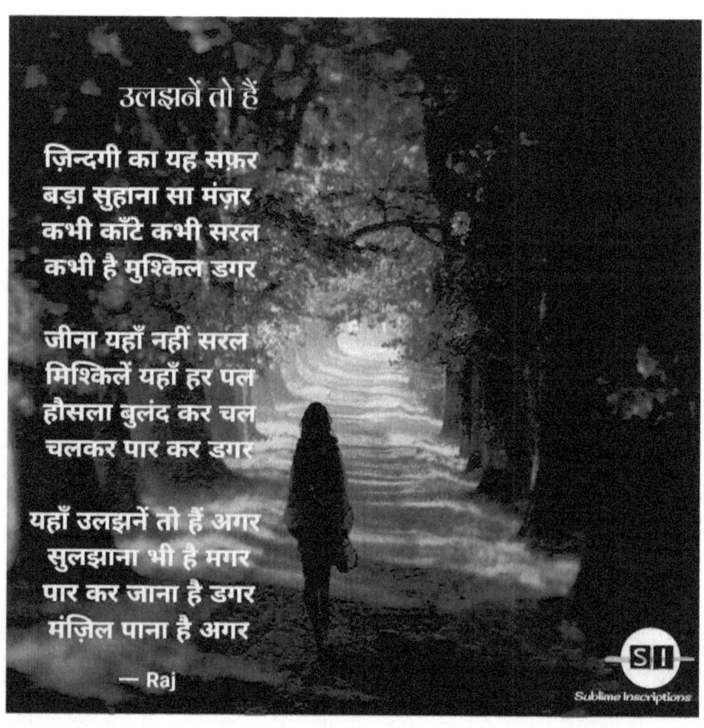

उलझानें तो हैं

ज़िन्दगी का यह सफ़र
बड़ा सुहाना सा मंज़र
कभी काँटे कभी सरल
कभी है मुश्किल डगर

जीना यहाँ नहीं सरल
मिश्किलें यहाँ हर पल
हौसला बुलंद कर चल
चलकर पार कर डगर

यहाँ उलझनें तो हैं अगर
सुलझाना भी है मगर
पार कर जाना है डगर
मंज़िल पाना है अगर

— Raj

99. तन्हा सफ़र

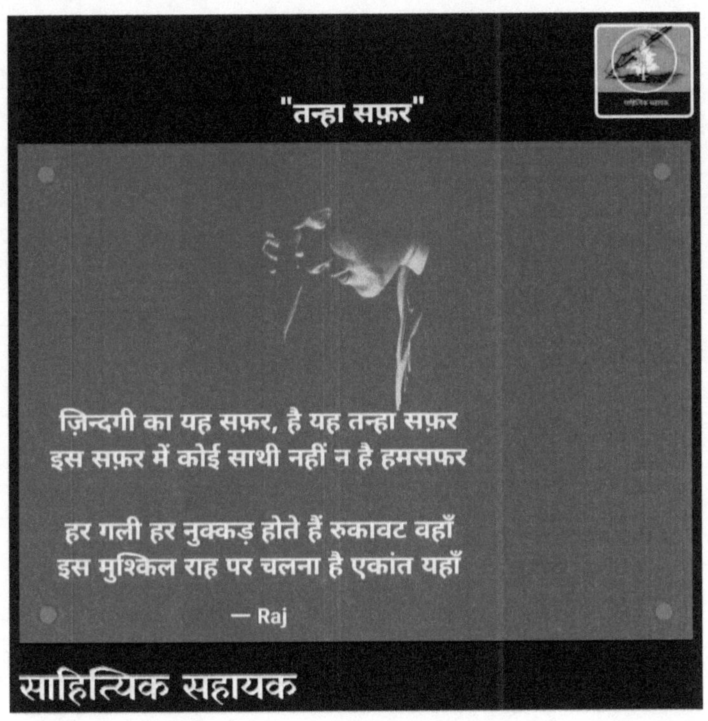
"तन्हा सफ़र"

ज़िन्दगी का यह सफ़र, है यह तन्हा सफ़र
इस सफ़र में कोई साथी नहीं न है हमसफर

हर गली हर नुक्कड़ होते हैं रुकावट वहाँ
इस मुश्किल राह पर चलना है एकांत यहाँ

— Raj

साहित्यिक सहायक

100. इल्तिजा

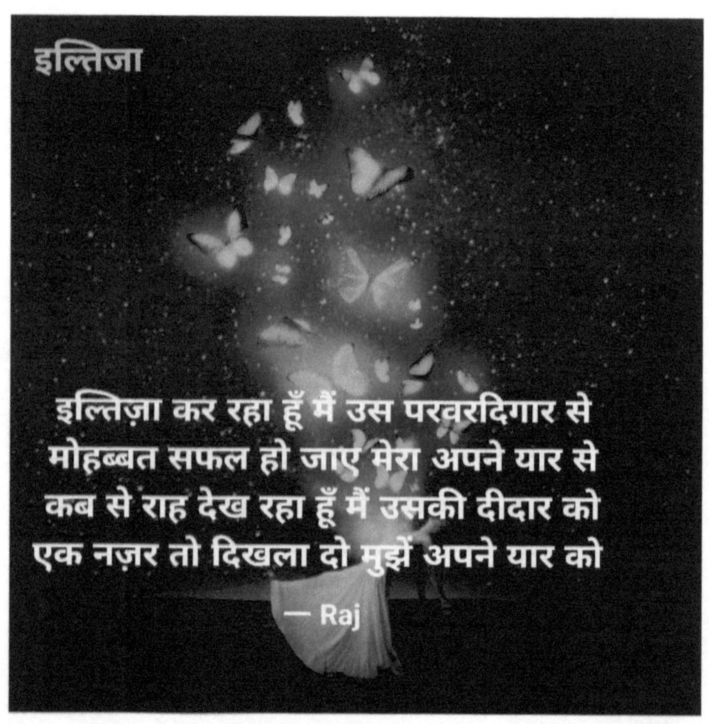

इल्तिजा
इल्तिज़ा कर रहा हूँ मैं उस परवरदिगार से
मोहब्बत सफल हो जाए मेरा अपने यार से
कब से राह देख रहा हूँ मैं उसकी दीदार को
एक नज़र तो दिखला दो मुझें अपने यार को
— Raj

अस्वीकरण

सभी रचनाएँ कल्पना पर आधारित हैं। इसका लेखक के जीवन या ब्रह्मांड में किसी से कोई लेना-देना नहीं है। सभी लेख काल्पनिक हैं और किसी जीवित या मृत व्यक्ति से कोई समानता नहीं है। यदि कोई समानता है तो यह मात्र संयोग है।

लेखक की जीवनी

श्री के.सी. श्रीराज मेनन, जिनका जन्म केरल के एक संपन्न परिवार में 09 सितंबर 1973 को श्री कोझीपुरथ संकुन्नी मेनन और श्रीमती किज़हारा चालापुरथ सेथुलक्ष्मी मेनन के घर हुआ और महाराष्ट्र में अधिवासित हैं। वह बचपन से ही तेज-तर्रार शायरी करते थे, कहते और भूल जाते थे। एक बार उनके एक करीबी दोस्त ने इस पर गौर किया और उन्हें जो भी कविताएँ या उद्धरण कहते थे, उन्हें लिखने के लिए मजबूर किया और तब से उन्होंने लिखना शुरू कर दिया। उन्होंने अपनी कविताओं और उद्धरणों को अपने और अपने करीबी दोस्तों के पास तब तक सीमित रखा जब तक उन्हें अपने कामों को ऑनलाइन लिखने के लिए एक मंच नहीं मिला। वह Your Quote साइट पर एक सक्रिय लेखक हैं और उन्हें प्रतियोगिता के लिए कई प्रशंसापत्र और प्रमाणपत्र प्राप्त हुए हैं। वह एक बहुभाषी लेखक हैं और उनका लेखन विस्मयकारी है। चाहे वह अंग्रेजी, हिंदी, उर्दू, मलयालम और मराठी हो, वह सभी भाषाओं में उत्कृष्ट है। वह कई दिलचस्प लेखकों के लिए एक बड़ी प्रेरणा भी हैं। वह मुंबई विश्वविद्यालय से स्नातक हैं। वह एक एकाउंटेंट हैं और एक स्व-शिक्षित कंप्यूटर इंजीनियर भी हैं। उनके कौशल शीर्ष पायदान पर हैं और उनके पास कई प्रमाणपत्र हैं। अभिनय, लेखन, पेंटिंग और नृत्य और संगीत सुनना आदि... आदि उनके जुनून हैं।

Mail Id:- shreeraj_m@yahoo.co.uk